마음이 움직이는 순간들

마음이 움직이는 순간들

댄 에리얼리 지음 — 강수희 옮김

생각정거장

삶을 견딜 수 없게 만드는 것은
환경이 아니라 의미와 목적의 부재다.
그러므로 우리에겐 행복이 아닌
의미를 찾는 능력이 필요하다.

TED 강연에서의 댄 애리얼리

불행에서 의미를 찾아낼 수 있을까?

인간 동기의 복잡성에 대해서

우리 인간은 아주 어려서부터 타인을 자기가 원하는 대로 움직이도록 설득하려 든다. 예컨대 "아빠, 이거 무서워서 못 하겠어요!"라거나 "다른 애들은 다 새로 나온 스마트폰 쓴단 말이에요"라는 말들로. 좀 더 나이가 들고 배우자가 생기면 이런 말을 하게 된다. "여보, 나 오늘 너무 힘들었는데 애들 재우고 설거지 좀 해 주면 안 될까?"

사적인 영역에서는 물론 직장에서도 마찬가지다. 동료와 상사, 고객과 사업 파트너, 심지어 우리와 경쟁하는 사람들에게도 협력을 독려해야 한다.

어느 공간에 있든 우리는 시시각각 나와 타인의 동기 motivation를 끌어내기 위해 노력하게 된다. 그렇다면 삶에서 이토록 중요한 동기에 대해 우리는 과연 얼마나 알고 있을까. 대강 어렴풋이 알 것도 같지만 어떤 식으로 작동하는지, 어떤 역할을 하는지 정확히 설명할 수 있을까? 일반적인 가정에 따르면 사람은 긍정적인 보상을 따라 행동한다. 마치 이걸 주면 저걸 얻게 된다는 식의 간단한 공식처럼. 하지만 우리를 추동하는 동기의 발생 과정은 사실 훨씬 더 복잡하고 아이러니하다.

이 책은 동기에 대한 무수한 편견이나 믿음, 그리고 그 정글같은 본질을 탐험하는 여정이다. 사람의 동기는 쥐가 먹이를 쫓듯 단순하게 작동하는 것이 아니다. 동기란 심오하고 아름다우며 지극히 인간적이고 심리적으로 복잡하게 얽힌 하나의 세계다. 이 세계는 구불구불 자란 나무, 미지의 강, 해충, 온갖 식물, 화려한 깃털을 가진 새들로 가득한 숲과 같다. 이곳에는 중요할 줄 알았는데 중요하지 않은 것들(이를테면 돈)도 있고, 완전히 무시하거나 대수롭지 않게 여겼는데 알고 보니 굉장히 결정적이거나 이해하기 어려운 것들도 많다.

동기 유발은 정확히 무슨 뜻일까? 메리엄-웹스터 온라인 사전에는 '누군가에게 무언가를 할 이유를 주는 행위 또는 과정이며, 행동이나 일을 하려는 열망을 가진 상태'라고 나와 있다. 이 책의 목적은 우리에게 열정을 부여하는 힘의 정체를 알아보는 것이다. 언뜻 보람도 없어 보이는 일을 꾸역꾸역 해내는 사람의 마음이 어떤 것인지 알아보는 것이다. 매일 비슷해 보이는 업무를 반복하는 직장인들의 마음을, 항상 즐겁지만은 않은 인생이지만 매일 아침 일어나 다시 하루를 시작하는 나와 당신의 마음이 어떤 것인지 알아보는 것이다. 이것은 직원들에게 소속감을 부여하고, 그들의 열의를 높일 수 있는 효과적인 방법을 찾는 관리자들의 절실한 필요에 대한 대답이기도 하다.

그러니까 이 책은 우리가 하는 일, 노력의 결과, 타인, 그리고 그들과의 관계를 더 깊이 알고자 하는 노력에 관한 이야기다. 책의 궁극적인 목적을 한 문장으로 말하자면, 죽기 전까지 우리가 진정으로 삶에서 원하는 것은 무엇인지 알아보는 것이다(간단한 해답이 있을 거란 기대만 하지 않으면 된다).

동기 유발 방정식

앞서 이야기했듯 사람의 동기란 대단히 복합적인 요소들의 총합이다. 동기의 근본 요소를 낱낱이 잡아내어 방정식을 쓴다고 가정해 보자. 아래와 같은 공식을 도출하게 될 것이다.

동기 = 돈 + 성취 + 행복 + 목적 + 자기계발 + 안정된 노후
+ 이타심 + 나의 유산 + 명예 + 양육할 자녀의 수
+ 자긍심 + E + P + X + (기타 등등 모든 요소)

이 공식에서 돈은 얼마나 중요한 요소일까?

잠시 자신이 하는 일을 생각해보자. 그리고 이 방정식에 당신의 경우를 대입해보자. 성취, 행복, 목적, 자기계발, 안정된 노후, 이타심, 내가 남길 유산, 명예의 무게보다 돈이 갖는 무게는 얼마나 더 무거운가?

인간의 동기
하나만 고르시오!
사랑 / 지위 / 돈 / 양심

마음이 움직이는 순간들

보다시피 동기를 부여하는 요소는 많지만, 우리는 그러한 인센티브의 유형과 범위를 제대로 이해하지 못한다. 다양한 인센티브가 서로 어떻게 영향을 주고받고 또 어떻게 결합해 하나의 거대한 '동기'를 유발하는지는 그보다 더 모른다. 동기 방정식에는 즐거움과는 거리가 멀어 보이는 요소들도 많다. 사실, 동기의 가장 큰 매력은 우리에게 까다롭고 도전적이며 고통스럽기까지 한 일을 해낼 힘을 준다는 것에 있다. 이 사실은 내게 특히 더 흥미롭고 중요하게 다가왔다. 내 인생의 가장 고통스러운 경험을 통해 나는 동기의 근원을 이해하게 되었기 때문이다.

비극의 기억 소환

몇 해 전 여름, 오랜 친구들 몇몇과 저녁을 먹던 중 전화벨이 울렸다. 지인으로부터 연락처를 받았다며 낯선 여성이 생면부지인 내게 전화를 걸어왔다. 그녀는 지금 급히 병원으로 가줄 수 있느냐고 간곡히 물어왔다. 그리고 내가 십 대

시절 겪었던 트라우마에 대한 글을 읽었고, 병원에서 힘든 일을 겪고 있는 자신의 친구 앨리스(가명) 가족에게 내 이야기가 도움이 될 거라고 덧붙였다.

나는 병원이라면 끔찍하게 싫은 사람이었다. 그러나 당시엔 돕고 싶은 마음이 피하고픈 마음보다 컸다. 차마 거절할 수 없었기에 친구들에게 양해를 구하고 곧장 병원으로 달려갔다.

병원에서 만난 앨리스와 그녀의 가족은 참담한 상태였다. 그녀의 어린 두 자녀는 큰 화재로 심한 화상을 입었고, 극심한 통증과 공포로 거의 혼수상태에 빠져있었다. 최선을 다해 자신의 상황을 설명한 뒤 간신히 정신을 다잡은 앨리스는 아이들에게 이 상황을 어떻게 설명해야 좋을지 내게 물었다. 앨리스가 내게 정말 듣고자 했던 것은 그들이 입은 상처와 앞으로의 회복 과정에 대해 아이들이 어디까지 알면 좋을지, 즉 모르는 게 나은 것은 무엇인지였다.

앨리스가 나를 찾은 이유는 내 이야기를 알기 때문이었다. 10대 시절, 나는 교통사고로 전신의 70%에 화상을 입었고 3년간 병원에 머물며 무수한 치료와 수술을 거쳤다. 앨리스의 아이들은 어릴 때의 나와 거의 똑같은 일을 겪고 있었다.

　나는 그녀의 질문에 어떻게 대답해야 할지 몰랐지만, 최대한 과거의 경험을 기억해내려 노력했다. 먼저 위잉위잉, 삑삑 하는 병원 기계의 소음이 떠올랐다. 고통과 공포의 소리였다. 이어서 '아픈 사람'이라는 말이 내 머릿속에 울렸다. 의료진 중 누군가 한 말이었는데, 내게는 '극심한 고통에 완전히 지배당한 사람'이라는 뜻으로 들렸다. 당시 나를 표현할 길은 고통 외에 아무것도 없었다. 과거도 미래도 없이 순간의 고통만이 있는 그런 존재. 그게 나였다.

　입원 초기에는 매일 몸에 두른 붕대들을 벗겨냈다. 피부가 다 벗겨지고 없었기 때문에 붕대는 내 생살 위에 들러붙어 있었다. 간호사는 붕대를 뜯어내고 벌겋게 드러난 생살에서 죽은 조직이 떨어져 피가 날 때까지 문질렀다. 피가 난다는 건 아래 조직이 아직 살아있다는 증거이기도 했다. 그런 다음 상처에 연고를 바르고 다시 붕대를 감았다. 다음 날 이 고통스러운 과정은 반복되었다. 유일하게 수술 당일과 그다음 날만은 이 과정을 거치지 않아도 되었다. 수술과 마취의

축복 그리고 며칠간의 휴식을 내가 얼마나 기다렸는지!

나는 붕대를 벗기던 때의 고통스러운 기억을 앨리스에게 말하지는 않았다. 다만 병상에 누워있는 동안 주변에서 들리던 소음의 정체가 뭔지 알고 싶었다는 것은 말해주었다. 나는 내 심장박동수와 혈압을 알고 싶었고, 혈중산소포화도를 알고 싶었고, 폐 기능을 알고 싶었고, 그 외의 다른 것도 알고 싶었다. 내 몸이 제 기능을 하고 있다고 알려주는 것은 어떤 소리인지, 문제가 있을 때는 또 어떤 소리가 나는지 알고 싶었다. 고통이 언제까지 계속될 것인지 알고 싶었고, 새로운 치료는 얼마나 더 아플지, 또 언제 좀 덜 아플지도 알고 싶었다. 표면적으로는 나는 내게 어떤 일이 일어나고 있는지 궁금했던 것 같다. 그러나 꼼짝없이 누워만 있어야 했던 내가 진정으로 원했던 건 '통제감'이었다. 적어도 내가 나에 대해 갖는 통제감. 앨리스에게 이 모든 이야기를 해 준 다음 병원을 나섰다.

며칠 뒤, 앨리스가 내게 전화를 걸어왔다. 흐느끼는 목소리로 다시 병원에 와줄 수 있냐고 물었다. 내가 병원에 도착했을 때는 그녀의 아들 한 명이 방금 숨을 거둔 뒤였다. 그녀는 생존한 아들('빌'이라고 해두자)에게 이 사실을 알려야 할지 내게 물었다. 뭐라 말할지 난감했지만, 이번에도 나는 내 경험을 떠올리려 애썼다. 통증과 호흡 곤란, 의식과 무의식의 경계를 넘나드는 상황, 기계 소리와 주삿바늘을 꽂는 느낌, 환각과 다량의 진통제들. 이 모든 것이 혼재된 와중에 형의 사망 소식을 듣는다면 어떨지 생각해보려 애썼다. 고통과 혼란 속에 그러한 비보까지 겹친다면 누군들 감당할 수 있을까. 나는 그녀에게 소식을 최대한 늦게 알리라고 조언했다.

그런데 이때 나를 움직인 동기는 무엇이었을까? 나는 왜 생면부지의 가족을 위해 끔찍했던 지난 고통을 소환하려 노력했던 걸까? 앨리스의 부탁을 듣고 고민하면서, 나는 처음으로 나 혼자 입원실을 걸어나갔던 때를 기억해냈다. 나는 침대에서 나와 휘적대며 문을 열고 밖으로 나갔고, 느릿느릿 고통스럽게 걸었다. 간호사실까지 어떻게든 걸어갈 참이었다. 간호사실에 도착하자 큰 거울이 보였다. 아무 생각 없이 한 발 다가가 거울 속 나를 쳐다보았다. 거울 속 모습은 열일곱의 나라고 믿기 어려운 형상이었다.

그전까지 몸의 일부는 가끔 보았지만, 전체 모습을 본 건 그때가 처음이었다. 잔뜩 구부러진 다리에는 붕대가 친친 감겨 있었으며, 팔은 힘없이 어깨에서 축 늘어져 있었다. 등은 앞으로 구부러져 있었고 얼굴 오른쪽은 퍼렇고 노랗고 붉은 색이 마구잡이로 뒤섞여있었다. 여기저기 고름이 흘러나오고 피부 조각은 군데군데 매달려 있었다. 오른쪽 눈은 부어올라 감겨 있었고 왼쪽 눈만 겨우 보여 얼굴이라는 것을 간신히 알아볼 정도였다. 한때 멀쩡했던 내 모습은 왼쪽 눈을 빼고는 어디에도 없었다. 어느 한군데 내가 기억하는 내 모습과 같은 곳이 없었기에 아예 다른 사람 같았다.

　거울 속 괴물을 잠시 더 바라보다 몸을 돌려 비척대며 병실로 돌아갔다. 다리가 너무 아파 더는 서 있을 수 없었기 때문이다. 다시 누운 침대에서 몇 시간을 통증으로 신음했다. 이번에는 통증이 나의 구원이었다. 다른 생각을 할 수 없었기에 나는 다시 아픈 사람으로 돌아왔다.

　1년 반쯤 뒤에는 상처가 거의 완전히 아물어서 훨씬 나아졌다. 그러나 되찾은 건강과 부푼 희망과 함께 예상치 못한 새로운 시련이 찾아왔다. 붉게 부풀어 오른 흉터가 급속도로 수축하는 경향이 생긴 것이다. TV를 보거나 쉬느라고 한두 시간 팔다리를 구부리고 있으면 흉터가 바로 수축했고, 다시 팔다리를 펴고 움직이기 힘들었다. 수축된 부위를 펴려고 밀고 또 밀어서 피부가 찢어질 지경이었다. 가끔은 아예 몸을 움직이지 못할 때도 있었다. 그럴 때면 수축된 피부 일부를 제거하고 피부 이식 수술을 받아야 했는데, 이전 과정을 전부 되풀이해야 했다. 내가 나의 몸과 싸움을 벌여야 한다는 게 너무 싫었다. 내 의지와는 전혀 상관없이 매일 반복되며 끝나지 않는 이 싸움이 지긋지긋했다.

고통스러운 일을 겪었지만, 덕분에 나는 앨리스와 빌을 도울 수 있었다. 앨리스는 내가 빌에게 긍정적이고 희망찬 이야기를 들려주기를 바랐다. 그러나 내가 겪어본바, 빌의 앞날에 결코 긍정적인 일들만 기다리고 있지는 않을 것이었다. 나는 빌을 만나기에 앞서 먼저 생각을 정리해야 했다. 얼마나 긍정적인 메시지를 줄 수 있을까? 도대체 무슨 말을 해야 할까? 내가 얼마나 솔직할 수 있고 또 솔직해야 할까? 이 아이는 앞으로 아주 오랜 시간을 힘들게 살 텐데. 나는 30년이 흘러서도 받고 있는 온갖 치료가 생각났다. 고통이 지겨울 정도였던 나는 차라리 죽는 게 낫지 않았을까 고민했던 지난날을 떠올렸다. 연장된 고통과 함께 사는 것의 힘겨움을 알기에 빌과 그의 가족에게 어떤 희망적인 말을 해야 할지 확신할 수 없었다.

이후 이틀간, 내 기억을 더듬어 아이에게 해 줄 말을 고민하면서 나는 많이 울었다. 몇 년 만에 처음으로 그렇게 울어보았다. 마침내 나는 빌에게 들려주고 싶은 이야기를 정리했고, 여전히 손을 쓰기가 불편한 터라 음성으로 녹음해 앨리스에게 보냈다.

나는 앞으로 그의 삶이 쉽지 않을 것이며 회복도 느리겠지만, 상처와 함께 살아가는 방법이 분명 있다는 말로 편지를 시작했다. 기술 발전으로 인류의 삶은 나아졌고 특히 장애가 있는 사람들이 누릴 수 있는 혜택도 늘어났다고 말했다. 오늘날 직장은 우리처럼 어려움을 겪는 사람들이 새롭고 유연한 방식으로 일할 수 있는 환경을 제공한다는 말도 덧붙였다.

몇 달이 흐른 뒤 병원으로 빌을 만나러 갔을 때였다. 간호사는 빌에게 그가 받을 새로운 치료법을 설명하고 있었다. 나도 수도 없이 받아온 그 치료법은 엄청난 통증을 유발하는 것이었다. "혹시 조금만…. 내일까지만이라도 미룰 수 없어요?" 아이는 애원했다.

"미안해, 빌. 그렇게는 안 돼. 바로 해야 한단다."

"그럼 한 시간만요, 네?"

간호사는 고개를 가로저었다.

"온몸에 다 해요? 일부만 하는 건 안 돼요?"

"그건 안 된단다."

나는 더 들을 수가 없었다. 서 있을 수도 없을 만큼 마음이 아파 그대로 주저앉아 손을 무릎에 얹고 고개를 숙인 채 심호흡을 했다. 치료를 늦추고 통증을 줄이고 그날 치료받을 부위를 조금이라도 줄여보려고 간청했던 지난날 내 모습이, 그 기억이 송두리째 밀려왔다. 빌처럼 내 부탁도 번번이 거절당했다. 간호사는 언제나 단호했다.

감정을 추스르며 병원을 걸어 나올 때 나는 무기력함이 사람에게 얼마나 큰 타격을 주는지 새삼 깨달았다. 나는 그동안 언제나 수축하는 내 몸의 상처들, 내가 겪는 고통 자체에만 집중해왔다. 체온을 조절하기 힘들고 움직이기 불편했고, 이런 내 모습이 남들 눈에 어떻게 비칠까 불안했다. 그러나 이 모든 것은 부상의 외적인 부분이었다. 치료를 미뤄달라고 간청하고, 거절당하는 빌에게서 내가 본 것은 나도 똑같이 느꼈던 종류의 절망적인 무기력함이었다.

빌과 만나면서 나는 내 인생을 변화시킨 끔찍한 사건에 대해 더 깊이 이해할 수 있게 되었다. 그리고 동기란 무기력함을 극복할 때, 아주 미미할지라도 삶을 제어하는 능력을 되찾기 위해 노력할 때에 자라난다는 것을 깨닫게 되었다.

고통과 의미

나는 나와 빌의 이야기를 통해 사람이 '의미'를 얼마나 필요로 하는지 이야기하고자 했다. 설령 의미를 추구하는 일이 고통스럽고 어려울지라도 말이다. 행복과 의미가 얼마나 다른지도 전달하려 했다. 사람들은 그림 같은 해변에 앉아 온종일 모히토를 마시고 좋아하는 일만 하면 행복할 거라고, 매일 그렇게 산다면 평생 즐거울 거라고 생각한다. 물론 가끔 혹은 며칠을 이렇게 보낸다면 즐거울 것이다. 그러나 몇 주, 몇 년, 평생 이렇다면 과연 그 삶에 어떤 만족감이 깃들지 의문스럽다.

행복과 의미의 차이를 조사한 많은 연구에 따르면 우리에게 의미 있는 것들이 반드시 우리를 행복하게 해주는 것은 아니라고 한다. '의미 있는 삶을 살고 있다'고 답한 사람들은 보통 타인을 보살피고 위하는 데 관심이 많은 이들이었다. 반면 주로 자기 자신만을 위해 살기 바쁜 사람들은 '겉으로만' 행복해 보이는 경우가 많다고 밝혀졌다.[1] 물론, 의미라는 건 정의하기 나름이다. 그러나 확실한 것은 의미의 본질이 자기 자신을 넘어선 무언가에 대한 목적의식, 가치 혹은 영향력과 관련이 있다는 것이다.

프리드리히 니체는 "차라리 고난 속에 인생의 기쁨이 있다"고 했다. 나의 고난은 코를 찌르는 고약한 화상 연고 냄새, 고통에 찬 빌의 비명, 사랑하는 이들의 고통스러운 얼굴 등으로 구성된다. 정말 끔찍했다. 하지만 나는 빌과 그의 가족들을 만나 고통을 공유하는 과정에서 특별한 감정적 고양을 경험했다. 서로 동감하고 공감하면서 내게는 어떤 의욕이 생겼다. 더는 내 고통에 아무런 의미도 없다고 느껴지지 않았다. 남을 돕기 위해 무엇이든 할 수 있을 것 같았고, 마치 내게 그럴 자격이 있는 듯한 기분이었다.

우리 주변에는 가장 어려운 상황 속에서도 의미를 찾아내는 사람들이 있다. 에이미는 삶의 마지막 순간을 지켜주는 호스피스 자원봉사를 하는 친구다. 기나긴 밤, 그녀는 죽음을 앞둔 이들의 침상 옆에 앉아 손을 꼭 붙들고 낮은 목소리로 노래를 불러준다. 그녀는 자신을 죽음의 산파라고 부른다. "죽음은 탄생의 또 다른 끝이야." 그녀는 이야기한다. "사람들이 그 문을 지나갈 수 있게 도와주는 나는 행운아지." 기름 유출로 온몸이 기름에 전 새를 닦아내고 씻어내는 자원봉사자들도 있다. 위험한 전쟁 지역에서 민간인을 치료하거나 부모 잃은 아이들에게 글을 가르치는 봉사자들도 있다. 그들의 고통은 실재하며, 그들이 하는 일이 갖는 가치와 의미도 실재한다. 이들은 사람에겐 단순히 삶을 유지하는 것 이상의 목적의식이 있음을 보여준다. 자신의 삶이 힘겨워지더라도 의미를 얻겠다는 사람의 태생적 욕구 말이다.

나를 치료해주었던 간호사는 투철한 직업윤리로 무장한

분이었지만, 내가 고통으로 소리를 지르며 멈춰달라고 애원할 때는 역시나 힘들어했다. 빌이 그랬듯 나도 심한 통증을 유발하는 치료를 조금이라도 미루고 싶었다. 내 요청대로 치료를 미뤘다면 그 순간은 나도 간호사도 마음 편했을지 모른다. 그러나 간호사들은 물러서지 않았다. 힘든 일을 이 악물고 해냈으며 덕분에 나는 예상보다 더 빨리 회복할 수 있었다.

그러니까 일견 이상하고 비이성적으로까지 보이는 동기는 우리로 하여금 난감하고 불편한 일도 하게 만든다. 동기는 우리가 고통을 감수하고 도움이 필요한 타인을 돕게 한다. 그리고 나아가 인간관계부터 목표, 커리어에 이르는 삶의 모든 순간에 기폭제 역할을 한다. 이것은 사람의 동기가 굉장히 긴 시간, 때로는 우리의 생애보다 더 긴 시간을 척도로 작동하기 때문이다. 우리는 의미와 연대감을 느낄 때 비로소 동기와 의욕을 갖게 된다. 왜냐하면 의미와 연대의 영향력은 우리 자신과 사회 범주를 넘어서고, 심지어 우리의 존재 자체도 넘어서기 때문이다. 사람은 자기 존재의 유한

함을 인식하게 되면서 더욱 삶에서의 의미를 중요시하게 된다. 그리고 의미와 연대감을 찾는 일이 힘들수록, 결과로 인한 만족감은 더욱 커진다.

인간의 동기는 단순하지 않다. 동기의 메커니즘을 이해한다면 타인, 나 자신, 일, 인간관계 그리고 매일 마주치는 상사와 직원을 더 잘 다루게 될 것이다. 삶의 본질적인 즐거움을 키우고 혼란을 줄이기 위해서라도 나와 타인을 움직이는 힘의 정체를 이해하는 것은 중요하다.

쉬운 길   의미 있는 길

차
례

1

나와 타인의 의지를 파괴하는 방법
사람은 무엇으로 일하는가

시시포스처럼 우리도 지루하고 보람 없는 일을 계속 반복하곤 한다. 그러다 보면 직장에서든 가정에서든 지루하고 의욕이 사라질 때가 있다. 만약 환경을 바꿀 수 없다면, 이 상황을 어떻게 타개해야 할까.

몇 년 전, 시애틀에 본사를 둔 거대 IT 기업에서 의사결정에 관한 강연을 해달라는 요청을 받았다. 나는 그곳에서 근무하는 수백 명의 엔지니어 앞에 섰다. 경력도 풍부하고 아주 명석한 그 인재들에게 지난 몇 년간 주어진 임무는 정체된 소프트웨어 회사를 혁신할 차기 히트상품 아이디어를 내놓는 것이었다. 엔지니어들은 열정적으로 그 도전에 임했다. 야근도 불사하고 주말까지 반납하며 연구에 연구를 거듭했고, 제품화 단계 직전의 시제품까지 만들었다. 직원들은 하나같이 결과를 자랑스러워했다. 그들의 개발품이 큰 혁신을 불러와 뒤늦게나마 업계를 제패할 수 있으리라 믿었다.

짧은 내 소개를 마친 후, 나는 시카고대학교의 에미르 카메니카 교수, MIT의 드라젠 프레릭 교수와 공동으로 진행하고 있는 실험 이야기로 강연을 시작했다. 엔지니어들의 반응은 예상외로 뜨거웠다.[2]

우리 연구팀은 피실험자들에게 레고 바이오니클을 조립하게 했다. 바이오니클은 아이들이 다양한 방법으로 창의성을 발휘해 조립할 수 있는 아주 특이한 레고 시리즈다. 연구

방식으로 레고를 택한 이유는 레고 조립의 콘셉트 자체가 직장인들이 기업에서 발휘해야 하는 창의적인 업무 과정과 닮아있기 때문이었다. 그리고, 거의 모든 문화의 사람들은 나이와 상관없이 레고를 좋아하지 않는가.

우리는 참가자들을 조건이 다른 두 집단 A, B로 나누었다. A 집단에게는 첫 번째 바이오니클을 조립하는 대가로 2달러를 주기로 했다. 실험이 끝나면 조립한 바이오니클을 분해해 부품 상태로 상자에 넣어 두었다가 다음 참가자들에게 다시 조립하게 할 것이라고 말했다. 참가자들은 이 설명에 아무런 거부반응이 없었다.

A 집단의 참가자들은 첫 번째 바이오니클을 조립했다. 연구진은 조립이 완성된 바이오니클을 바로 분해하지 않고 책상에 올려 두었다. 그런 다음 참가자에게 이렇게 물었다. "바이오니클을 하나 더 만들면 2달러보다 11센트 적은 1달러 89센트를 드리겠습니다. 하시겠습니까?" 참가자가 원하면 연구진은 다른 세트를 제공했고, 세트 조립이 끝나면 다시 "새로 하나 더 조립하시겠어요?"라고 물었다. 이번 대가는 11센트를 더 줄인 1달러 78센트였고, 그다음은 1달러 67

센트였다. 이런 식으로 가격은 점점 내려갔다. 어느 시점에 다다르자 참가자들은 "이제 그만할래요. 더는 할 가치가 없네요."라고 했다. 평균적으로 A 집단의 참가자들은 11개의 바이오니클을 조립했고 14달러가 조금 넘는 금액을 보수로 받아 갔다.

B 집단의 참가자들에게도 바이오니클 하나당 똑같은 보수를 제공했다. A 집단과 다른 점은 조립을 완성한 연구진의 행동이었다. B 집단의 참가자가 바이오니클 하나를 완성하고 다음 것을 조립하기 시작하자마자, 연구진은 참가자의 눈앞에서 완성품을 분해했다. 그리고 부품 상태로 만들어 다시 상자에 넣었다.

A 집단은 바이오니클을 소위 '의미 있는' 조건에서 조립했다. 의미 있다는 것은 참가자들이 일단 완성하는 행위 자체에서 만족감을 느낄 수 있다는 뜻이다. B 집단이 처한 실험 조건은 그리스 신화에서 바윗덩어리를 언덕 위로 밀어 올리는 일을 끝없이 반복해야 했던 비운의 시시포스를 닮아 있으므로 '시시포스 조건'이라고 불렀다. 시시포스 조건에 속한 집단의 참가자들은 의미 있는 조건 하의 참가자보다 평

균 4개 적은 7개의 바이오니클을 조립했다.

물론 레고 선호에 대한 개인차도 실험에서 고려해야 하는 요소였다. 레고 조립을 원래 좋아하는 사람도 있고 그렇지 않은 사람도 있다. 우리는 이런 개인 성향의 차이가 생산성에 어떤 영향을 미치는지 살펴보았다. 원래 레고 조립에 흥미가 없는 참가자는 '의미 있는 조건' 속에서도 완성품을 적게 만들었다. 반면에 레고 조립을 좋아하는 사람들은 상대적으로 적은 보수에도 과정 자체를 즐겼고, 거기에 의미를 느껴 가장 많은 완성품을 만들었다. (물론 여기에서의 '의미'라는 게 거창한 게 아니라는 건 참가자들도 알고 있었다. 이들은 암을 치료하거나 다리를 건설하는 것도 아니고 플라스틱 장난감을 조립한 것뿐이며, 조립한 완성품이 곧 분해될 운명이란 것도 잘 알고 있었다.)

그러나 시시포스 조건 하의 실험 참가자들은 레고를 좋아하건 좋아하지 않건 생산성에 아무런 차이도 보이지 않았다. 레고 선호도가 높은 사람과 관심 없는 사람 모두 조립한 바이오니클의 총 개수는 7로 똑같았다. 눈앞에서 방금 완성한 자신의 조립품을 분해하자 레고를 좋아하던 사람들도 즐거움과 의욕을 잃은 것이다.

엔지니어들에게 이 실험 결과를 설명할 때쯤 선임 엔지니어 한 명이 내게 소리쳤다. "어떤 실험이었는지 다 알겠군요. 왜냐하면, 저희가 바로 그 시시포스 집단에 속해있었거든요."

좌중은 슬픈 표정으로 모두 동감하며 고개를 끄덕였다. 선임 엔지니어는 이야기를 이어갔다. "지난주에 우리가 지금까지 해온 프로젝트가 갑자기 취소되었고, 우리는 모두 다시 시작하는 다른 프로젝트에 배정되었거든요. 대표님의 일방적인 통보였죠."

그제야 나는 왜 청중이 그렇게 무기력하고 풀이 죽어 있는지 깨달았다.

"여러분의 이야기를 들으니 교도소를 배경으로 한 어떤 영화가 떠오르는군요. 그 영화의 감옥 관리인들이 수감자의 정신을 지배하는 방식이 지금 여러분의 상황과 비슷합니다. 이 중에서 혹시 영화 〈라스트 캐슬The Last Castle〉의 교도소 마당 장면을 기억하는 분 계시나요?"

MEANINGLESS
WORK FEELS LIKE:

의미 없는 일을 할 때의 기분

MEANINGFUL
WORK FEELS LIKE:

의미 있는 일을 할 때의 기분

몇 사람이 고개를 끄덕였다. 영화에서는 로버트 레드포드가 군법회의에 회부되어 징역 10년 형을 선고받은 3성 장군 유진 어빈 역할을 맡았다. 리더십이 있던 그는 수감 되고 얼마 지나지 않아 재소자 처우에 대해 교도관에게 항의하고, 불복종으로 벌을 받게 된다. 벌은 마당 한쪽의 큰 돌무더기를 다른 쪽으로 옮기는 것이었다. 너무나 힘든 일이어서 그가 끝내기 전에 쓰러지리라 생각한 재소자가 많았지만 동시에 그를 응원하는 재소자도 많았다. 어빈 중장의 힘겨운 사투는 몇 시간에 걸쳐 이루어졌고, 결국 마지막 돌덩이까지 건너편으로 옮기는 데 성공했다. 재소자들은 환호했다. 여기까지는 해피엔딩처럼 보였다. 그런데 몇 초 후, 교도관이 어빈에게 다가와 기껏 옮겨놓은 돌무더기를 다시 원위치로 옮기라고 명령했다.

해가 질 때까지 어빈은 다시 돌덩이를 하나하나 원래 자리로 되돌려 놓았지만, 이번에는 어빈 자신도, 동료 재소자들도 환호하지 않았다.

고통을 더 크게 만든 건 무거운 돌덩이를 다시 옮겨야 한다는 사실이 아니라 돌무더기를 옮기는 행위의 목적 자체가 상실되었다는 점이라고 나는 설명했다. "돌무더기를 원위치로 되돌려 놓으라고 명령함으로써 교도관은 어빈과 재소자들이 더는 성취감을 느낄 수 없게 만들어버려 승리의 의미를 공허하게 만들었죠. 허무한 전쟁이란 곧 시시포스의 조건과 같습니다." 나는 덧붙였다. "시시포스가 바윗덩어리를 매번 다른 언덕 위로 밀어 올려야 했다면 성취감이 들었을 겁니다. 하지만 그는 올려놓는 순간 바로 반대쪽으로 굴러 떨어질 바위를 반복적으로 밀어 올려야 하죠. 이 과정엔 아무런 성취감도 없습니다."

앞줄에 앉은 한 엔지니어가 옆 사람에게 소곤거리는 소리가 들려왔다. "그러니까 우리가 영화에 나오는 죄수 꼴인 거 아냐."

갈가리 찢긴 의욕

우리 연구팀의 레고 실험과 엔지니어들이 처한 실제 상황 간의 유사성은 소름이 돋을 정도였다. 나는 업무에서 의미를 박탈당한 그들에게 즉각적으로 공감했으며 연민을 느꼈다.

나는 한숨을 쉬고 있는 엔지니어들을 상대로 동기 부여와 허무감에 관한 실험 이야기를 좀 더 들려주었다.

"또 다른 실험에서는 무작위로 글자가 인쇄된 종이 여러 장을 준비했습니다. 그런 다음 참가자들에게 같은 글자 두 개가 붙어있는 쌍을 찾으라고 했죠"라고 나는 설명했다.

연구진은 첫 번째 실험을 끝낸 참가자에게 55센트를 주었다. 그런 다음 5센트 적은 50센트를 대가로 똑같은 실험을 한 번 더 하겠냐고 물었고, 이런 식으로 계속해나갔다(하는 일과 금액만 다를 뿐, 바이오니클 조립 실험과 마찬가지로 회차가 증가할 때마다 보수가 줄어드는 방식을 취했다). 이 실험에는 세 가지 조건이 있었다. 첫 번째는 '인정 조건'. 이 조건의 참가자는 종이 왼쪽 위에 자신의 이름을 적고 같은 글자 쌍을 모두 찾아서 연구진에게 제출했다. 연구진은 종이를 찬찬히 살펴보고 "좋아요"라고 말한 다음 종이를 뒤집어 책상 왼쪽의 종이 더미 위에 두었다. 그런 다음 피실험자에게 한 번 더 할 것인지 물어보았다. 피실험자가 원하면 프로세스는 계속 진행되었다.

다음은 '무시 조건'이었다. 이 조건에서 참가자가 느낄 수 있는 의미는 현격히 줄어들었다. 연구진은 참가자들에게 이름을 쓰지 않고 종이를 제출하도록 했고, 실험자는 받은 종이를 거들떠보지도 않고 받자마자 책상 위에 있는 종이 더미에 얹어버렸다.

마지막 집단은 '파쇄 조건'이라는 가장 극단적인 환경에서 실험에 참여했다. 이 조건에서는 연구진이 참가자가 건넨 종이를 받자마자 말 그대로 큰 파쇄기에 넣어버린다. 그런 다음 참가자에게 5센트 줄어든 보수를 받고 실험을 계속하겠느냐고 물어보았다.

무시 조건에 속한 피실험자들은 첫 번째 실험을 마치고 나면 다음 번에는 아무렇게나 해도 된다는 걸 간파한다. 결과물을 확인도 하지 않는데 굳이 힘들게 글자를 찾을 필요가 있겠는가? 대충 처리하고 돈만 챙기고픈 마음이 들 만도 할 것이다. 파쇄 조건의 참가자들은 그런 유혹이 더 심할 것이다. 하는 척하고 돈만 챙겨가고 싶지 않을까? 그렇다면 언뜻 생각할 때 무시와 파쇄 조건의 피실험자들은 보수가 줄어들더라도 계속 실험에 참여할 것으로 추측해 볼 수 있다. 실제로는 어땠을까?

실제 결과는 이러했다. '인정' 군에 속한 피실험자들은 약 15센트로 보수가 떨어지자 실험을 중단했다. 더 하는 것이 시간 대비 가치가 없다고 느낀 지점이었다. 이와 대조적으로 '파쇄' 군에 속한 참가자들은 그보다 빠른 29센트 선에서 실험을 멈췄다. 이 결과를 통해 사람들은 보수가 적어도 인정받을 수 있을 때 더 열심히 일한다는 것을 알 수 있다. 인정이 없으면 의욕도 떨어지는 것이다.

'무시' 군은 어떨까? 인정과 파쇄의 중간쯤일까? 그렇다면 그 중간은 도대체 어디일까? 인정에 가까울까, 파쇄에 가까울까? 아니면 정확히 가운데 지점일까?

무시 조건의 참가자들은 대략 27.5센트일 때 실험을 중단했다. 파쇄 조건과 1.5센트밖에 차이가 나지 않는다. 그러므로 누군가의 의욕을 제대로 꺾고 싶다면 결과물을 파쇄하거나, 아니면 무시만 해도 그와 비슷한 결과를 얻을 수 있음을 알 수 있다.

인정은 사람에게 부릴 수 있는 마법과 같다. 사람들 사이를 잇는 이 작은 연결은 더 크고 의미 있는 성과라는 결과로 돌아온다. 누군가 더 잘 해내기를 바라는 사람이 있다면 그에게 인정을 선물해주면 된다. 이 실험을 통해 얻을 수 있는 교훈을 실제 사례에 적용해본다면? 당신이 작은 가게의 사장님이거나 큰 기업에서 팀원들을 관리해야 하는 팀장이라면 직원들의 노력을 인정해주면 된다. 그러면 그들의 근로 의욕은 올라갈 것이다.

실험 결과와 영향을 설명하자 엔지니어들의 낯빛은 점점 어두워졌다. 안타깝게도 이들과 비슷한 상황을 겪는 직원과 기업이 많다. 수년간 직원들의 업무 몰입도에 대한 데이터를 수집해 온 〈갤럽〉에 따르면 정말 많은 미국인이 자기 일에 의욕을 느끼지 못했다. 심지어 〈갤럽〉이 이 주제를 조사한 2000년부터 의욕 없는 미국 직장인의 비율은 매년 꾸준히 약 2%가량 증가했다. 2014년 조사에 따르면 일에 몰입하지 않는 직원은 50% 이상인 반면, '적극적으로 몰입'하는 직원은 17%에 불과했다.[3] 일에 몰입하지 않으면 직장에 지각하거나 지출결의서를 거짓으로 올리고, 소극적으로 일하는 것도 부족해 적극적으로 작업을 방해하기도 한다. 말할 것도 없이, 부정적 동기는 큰 문제가 된다.

사람들은 왜 직장에서 의욕을 잃을까? 부분적으로는 산업화 시대가 정의하는 노동의 의미가 정설로 굳어졌기 때문이라고 생각한다. 산업화 사회의 관점에서 노동 시장은 개인의 노동(개인의 의미 여부는 관심사가 아님)과 임금이 교환되는 곳이며, 노동자는 정당한 대가만 받는다면 직장에 무슨 일이 벌어지든 개의치 않는다.

노동과 임금의 맞교환이라는 개념은 애덤 스미스의 《국부론》에서 처음 시작되었다. 《국부론》에서 애덤 스미스는 한 사람이 한 가지 특정 업무만을 전담해 이행하는 노동 분업 시스템을 찬양했다. 핀 공장 사례는 누구나 들어봤을 것이다. 스미스는 한 사람이 제품을 처음부터 끝까지 혼자 만든다면 생산성이 떨어진다고 설명하고 효율적인 노동 분업의 예로 핀 공장을 들었다. "한 사람이 철사를 뽑으면 두 번째 사람은 곧게 펴고, 세 번째 사람은 자르고, 네 번째 사람은 뾰족하게 갈고, 다섯 번째 사람은 반대쪽에 머리를 붙일 수 있도록 갈아준다."[4]

산업혁명 당시 공장주에게 분업의 생산성 증대 효과는

엄청난 것이었다. 공장주들은 곧 업무를 분할하여 개인이 조금씩 특정 업무만 전담하게 했다. 그러나 노동자에게 이러한 접근방식은 그들을 큰 톱니바퀴의 작은 부속으로 전락시키는 것과 다름없었다. 노동은 오로지 돈을 벌기 위한 수단이 되었고, 노동자들은 자신이 맡은 일이 큰 그림에서 어떤 역할을 하는지도 알 수 없었다. 산업화 시대의 관점에서 자본주의와 노동의 관계는 간단한 공식으로 설명할 수 있었다. 개인은 재화를 필요로 하고 원했다. 기업은 사람들이 원하는 재화를 생산하고 제공했다. 노동자들은 오랜 시간 반복 노동을 한 대가로 그 재화를 살 수 있었다. 노동자들에게 노동은 즐겁지 않았지만, 그에 따른 대가(급여)는 중요했기에 노동의 과정은 견딜 가치가 있었고 그렇게 받은 급여로 재화를 교환할 수 있었다.

어떤 개념은 그것의 시대착오적인 성격에도 불구하고 여전히 사람들의 머릿속에서 질긴 생명력을 유지한다. 스미스의 노동관은 논쟁의 여지가 없는 진실로 여러 세대에 걸쳐 전해졌지만, 우리 연구팀의 실험을 필두로 한 많은 실험의 결과, 노동은 단순히 돈을 벌고 재화를 사기 위한 행위가 아님이 밝혀졌다. 위대한 경제학자 존 메이너드 케인스는 이렇게 말했다. "만약 도전에 응전하는 것이 인간 본성이 아니라면, 공장과 철도를 지으면서 얻는 의미와 만족감(이익은 별개로 하고)이 존재하지 않는 것이라면, 냉정한 계산만으로 일어나는 실제 투자는 그다지 많지 않을 것이다. 기업은 투자 설명서에 근거해 투자하는 척할 뿐이다."[5]

엔지니어들에게 나는 그들의 동기 방정식이 왜 그토록 왜곡되었는지 설명하기 위해 먼저 질문을 던져보았다.

"요즘 예전보다 출근이 늦은 분들은 얼마나 되십니까?"

내 질문에 한 명도 빠짐없이 손을 들었다.

"예전보다 퇴근이 빠르신 분 손들어 보시겠어요?"

역시 이번에도 전원이 손을 들었다.

"지출결의서를 거짓으로 올리는 분 있으신가요?"

이번에는 아무도 손을 들지 않았다. 그러나 강연이 끝나고 몇 명은 지출결의서를 꾸며 올리는 방법이 여러 가지 있는데, 이건 그 예시라며 내게 저녁을 사 주었다.

"대표님께서 여러분이 모르는 여러 합당한 사유들로 프로젝트를 취소해야 한다고 가정해 봅시다. 어떻게 해야 여러분의 실망감을 덜 수 있을까요? 대표님이 여러분의 의욕을 이 정도로 꺾지 않으면서 프로젝트를 취소할 방법이 있었을까요?"

"대표님이 프로젝트를 완전히 무효로 하지 않고 차세대 시제품으로 만들어 테스트해 보라고 대안을 제시했다면 괜찮았을 겁니다." 누군가 제안했다.

"우리가 개발 중이던 기술을 조직 내 다른 부서의 프로젝트에 적용할 수 있는지 생각해보라고 먼저 물어보셨으면 좋았겠죠." 또 다른 엔지니어가 답했다.

"지난 2년간 우리가 했던 일을 접어야 하더라도, 전 직원을 상대로 프레젠테이션을 하면 어떻겠냐고 요청하는 방법도 있어요." 또 다른 사람이 제안했다.

"모두 맞는 말씀입니다"라고 나는 말했다. "문제는 그런 제안을 이행하는 데 돈과 시간, 노력이 든다는 거죠. 그런데 대표님은 여러분에게 동기를 부여하는 일에 투자할 가치를 못 느끼기에, 그런 제안을 이행할 필요도 못 느꼈던 거죠."

그 시점에서 나는 또 다른 놀라운 실험에 대해 말을 꺼냈다. 이 실험에서는 피실험자들에게 구체적 행위를 하게 하지 않고, 어떤 실험의 결과를 예측해보도록 했다. 소위 '예측 실험'이었다.

우리는 의사결정을 할 때 직관에 근거해야 할 때가 많다. 그러나 직관은 테스트해 볼 수 없기에 현명하게 예측하는 것이 중요해진다. 예를 들어 이직을 고민하는 직장인이 있다고 하자. 몇몇 기업에 지원서를 돌렸고 두 곳에서 최종 합격 통보를 받았다. 두 기업의 근무 조건을 알고는 있지만, 업무 시스템의 자세한 장단점이나 기업 문화 등 실상이 어떨지는 정확히 알 수 없다. 따라서 이럴 때는 어느 정도 직관에 의지하여 판단해야 한다. 이 외에 일상에서도 충분한 데이터가 없을 때 우리는 이런 식으로 결정을 내린다.

연구진은 예측 실험의 피실험자들에게 시시포스 조건과 의미 있는 조건이 무엇인지 설명해 주었다. 그런 다음 자신이 시시포스 생산 방식을 사용하는 바이오니클 조립 공장의 컨설턴트가 되었다고 가정하게 했다.

그리고 현재의 시시포스 생산 방식을 의미 있는 방식으로 바꾸면 공장 직원들의 효율이 어떻게 달라질지 예측해보도록 했다. 직원들이 조립하는 바이오니클의 수가 늘어날지,

반대로 줄어들지, 변동 폭은 어느 정도일지 작성하게 했다. 질문에 답하기 위해 참가자들은 각각의 조건에서 일하는 직원들의 의욕을 직관으로 이해해야 했다. 앞서 나온 바이오니클 조립 실험의 결과를 예측해 보는 것과 같았다.

예측 실험의 참가자들은 의미 있는 공장의 직원들이 시시포스 공장의 직원들보다 효율이 높기는 하나, 그 차이는 미미할 것으로 예측했다. 의미 있는 공장의 직원들이 바이오니클을 몇 개 더 만들 것 같냐는 구체적인 질문에는 대다수가 '딱 한 개'라고 답했다. 그렇기에 그들은 가상의 컨설턴트로서 공장주에게 최저 비용을 들여 공장을 교체하라고 조언했다. 시시포스 공장에서 의미 있는 공장으로 교체해도 얻을 수 있는 이득이 적다고 봤기 때문이다.

그러나 실제 바이오니클 조립 실험에서 조건을 바꾸자 생산량은 더 큰 수준으로 증가했다(실제 늘어난 조립 개수는 약 4개였다). 그러니까, 참가자들은 서로 다른 조건의 결과를 직관으로 유추할 때 의미의 영향을 실제보다 훨씬 더 낮게 본 것이다. 사람들 대부분은 의미의 힘을 매우 과소평가했다.

"예측 실험은 굉장히 중요한 문제를 우리에게 던져줍니

다. 공장주, 즉 기업의 대표들이 매사 데이터를 통해 직원들의 행동을 예측할 수는 없겠죠. 많은 경우 그들은 직관적으로 판단할 겁니다. 그런데 그 직관이란 게 우리의 예측 실험에서처럼 움직인다면, 직장에서 '의미의 중요성'은 과소평가된다는 뜻이 되기 때문이죠."라고 나는 강조했다.

"예측 실험을 통해 직원들의 성취감이 갖는 영향력의 범위와 깊이가 얼마나 과소평가되는지 볼 수 있었습니다. 여러분(내 청중이던 엔지니어들)의 대표님은 직원들이 단순히 월급을 위해 일한다고 생각했는지 모릅니다. 언제라도 다른 목표를 제시하면 여러분은 그동안 하던 일을 당장 내려두고 방향을 틀어 달릴 거라고 말이죠. 그 일에 직원들이 얼마나 많은 시간을 투자했는지, 얼마나 큰 의미를 두었는지는 고려하지 않았을 겁니다. 하지만 사람은 미로에서 먹이를 찾아 달리는 쥐가 아닙니다. 직원들의 일을 무시할 때 그들의 내적 동기가 얼마나 상실되는지 주의를 기울이지 않았던 거죠."

강연장 여기저기서 고개를 끄덕이는 모습이 눈에 띄었다. 엔지니어들은 그들이 바이오니클 실험과 애덤 스미스의 핀 공장 사이 그 어디쯤에서 일하고 있다고 느낀 듯했다. 물론 실험 참가자나 핀 공장 노동자보다 엔지니어의 업무가 훨씬 흥미롭고, 대가로 얻는 보수와 사회적 지위 또한 높다. 게다가 회사 로고가 박힌 티셔츠를 비롯해 의료보험 같은 복지혜택도 많은 것이 사실이다. 하지만 최종 결과물이 그들의 의지와 상관없이 눈앞에서 증발했다는 점, '핀'에 해당하는 최종 완성품을 볼 수 없었단 점에서 그들은 똑같았다.

잠시 눈을 감고 여러분이 이 공룡 IT 기업의 엔지니어라고 상상해 보자. 30대 후반 혹은 40대 초반인 당신은 기업에 오래오래 다닐 마음으로 어린 자녀와 함께 시애틀로 이사와 집도 샀다. 매일 열심히 일했다. 직장이 거의 삶의 전부가 됐다. 이제 2년에 걸친 거대 프로젝트의 대장정이 끝나가고, 동료 엔지니어들과 함께 무언가 해냈다는 자부심에 부풀어 있다.

그런데 어느 날 갑자기 대표가 프로젝트 중단을 발표했다. 엔지니어들은 그간의 모든 투자가 물거품처럼 느껴졌다. 그들을 괴롭게 하는 건 헛수고를 했다는 허무함도, 대표의 독단적 태도도 아니다. 그건 다름 아닌 삶의 가치가 축소

되는 기분, 자신이 초라해지는 느낌이었다. 월급이나 회사의 비전을 위해 그렇게 달려왔던 게 아니다. 누가 시켜서가 아니라 내가 중요하게 생각하는 것을 이루기 위해 열심히 했는데 모든 게 수포가 된 것이다. 대표의 발표로 날아간 것은 신뢰, 의미, 성취, 연대감과 자부심뿐만이 아니었다. 장기적인 꿈과 희망까지 같이 사라져 버렸다.

이 기업의 많은 엔지니어들이 의욕을 잃고 퇴사를 결정했다는 사실은 놀랄 일이 아니다.

사람은 무엇으로 일하는가

앞서 나왔던 실험은 모두 우리의 의욕을 꺾는 행동에 관한 것들이었다. 당신은 바이오니클 조립이 뭐 대수냐며 가볍게 여길 수도 있을 것이다. 종이에 적힌 글자의 쌍을 찾는 것이 뭐 의미씩이나 있는 일이냐고 말할 수도 있다. 그러나 그 실험에서 우리는 대수롭지 않은 행동 하나가 의욕을 꺾어버릴 수 있다는 것을 알게 되었다.

바이오니클과 종이 파쇄 실험은 물론 엔지니어들로부터 얻은 교훈을 여러 직장에 적용할 수 있다는 데에는 의심의 여지가 없다. 그러므로 의도치 않게 인센티브를 잘못 판단하여 직원의 의욕과 생산성을 꺾는 결과를 초래하는 직장은 신중하게 피하는 게 좋다. 어떤 대기업은 조직의 위계질서를 매우 중시한다. 그래서 직원 모두에게 사원 번호를 부여해 조직체계 내 위치를 파악하고 회사 연락망으로 사용한다. 따라서 누군가의 이름이나 이메일 주소를 찾아볼 때마다 그의 직급은 무엇인지, 같은 직급 내에 그를 대체할 수 있는 사람은 누가 있는지 알게 된다. 동시에 거의 모든 직원이 거대 조직의 작은 부속에 불과하다는 사실과, 내 위로 수많은 조직체계가 있다는 것을 확인하게 된다. 이 조직의 구성원은 누군가에게 연락할 때마다 그의 업무 능력이나 기여도가 아닌 조직 위계에 따라 대화의 톤을 정하게 된다. 의욕을 꺾는 또 다른 슬픈 사례는 만화 〈딜버트Dilbert〉에서 찾아볼 수 있다.

〈딜버트〉의 인물들은 만화의 네모 칸처럼 똑같은 크기와 모양의 파티션을 사이에 두고 일한다. 끝없이 이어진 파티션은 직원들에게 그들이 조직에서 어떤 창의성도 발휘하리라 기대되지 않으며, 그럴 필요도 없음을 인지하게 한다. 획일적인 모양의 파티션은 직원들에게 그들이 대체 가능함을 계속해서 일깨우는 장치인 것이다. 물론 공간 분할 측면에서 파티션보다 더 가성비가 좋고 효율적인 것은 없다. 그러나 직원들이 직장에 의미를 부여하도록 만들 수는 없을 것이다. 내가 강연한 적이 있는 어떤 기업은 직원들의 의욕을 꺾는 파티션 기술을 한층 더 진화시켰다. 직원들이 개인 책상에 그들이 좋아하는 물건을 놓아둔 것을 본 관리자가 개인에게 할당된 책상 크기를 20% 줄인 것이다. 그런 다음 개인 공간을 줄인 만큼 늘어난 사무실 공간에 더 많은 책상을 추가했다. 한술 더 떠서 개인 공간의 개념을 아예 없애고 먼저 출근한 사람이 선착순으로 창가 자리부터 차지하도록 한 회사를 본 적도 있다. 개인 공간에는 오직 책상과 의자, 컴퓨터와 선을 연결할 콘센트만 있을 뿐 애착을 느낄만한 틈새나 요소라고는 전혀 없었다. 결국, 직장 분위기를 이렇게 조

성함으로써 직원들에게 그들은 단순 생산성과 대체 가능성 외에 다른 의미는 없다는 메시지를 보낸 셈이다. 소모되는 부속 취급을 받을 때 사람은 동기 저해의 늪에 빠지게 된다. 직원을 고유한 개인으로 인식하고 그들의 창의성과 지적 능력을 존중할 때 동기 저해의 늪은 사라질 것이다.

직원들과 연대감을 나누는 법을 아는 기업도 많다. 이를 테면 아마존 산하의 온라인 쇼핑몰 자포스Zappos는 직원들에게 사무실을 '이상하게' 꾸미게끔 권장한다. 자포스 직원들은 각자의 개인 공간을 온갖 기발하고 멋진 방식으로 장식한다. 사무실 천장엔 봉제 인형이 매달려 있기도 하고, 풍선이 날아다니기도 한다. 마치 파티용품점과 장난감 가게를 합친 것 같은 분위기로 사무실을 만드는 이유는 직원들의 개성과 창의성을 촉진하기 위해서라고 한다. 당신은 문득 어린아이들만 이런 분위기에서 창의성과 의욕을 찾게 된다고 생각할지 모른다. 하지만 우리 안에는 철들지 않은 어린아이가 있다. 획일성을 벗어난 창의적 공간과 친절한 말, 진심 어린 인정, 그리고 그 속에서 만드는 성장과 성취는 평생 우리 모두에게 동기를 부여하는 힘이다. 어른들의 세계에서 회사는 부모와 같다. 직원을 키우고 계몽할 수도 있고, 반대로 억누르거나 제한할 수도 있다.

나에게 동기를 부여하는 방법

시시포스처럼 우리도 지루하고 보람 없는 일을 계속 반복하곤 한다. 그러다 보면 직장에서든 가정에서든 지루하고 의욕이 사라질 때가 있다. 그러나 환경을 바꿀 수 없다면, 이 상황을 어떻게 타개해야 할까? 그렇다면 생각을 바꾸면 된다(당신의 불평이 들려온다. "뭐야? 그런 말은 나도 하겠다." 하지만 조금만 참고 글을 읽어주길).

반복되는 업무로 자신이 시시포스처럼 느껴질 때도 우리는 창의적인 시도를 해볼 수 있다. 한번은 브로드웨이 배우를 만난 적이 있다. 나는 그녀에게 똑같은 연극을 매일 밤, 몇 개월 아니 몇 년을 계속하는데 지겹지 않으냐고 물어보았다. 왜냐하면, 나 스스로 같은 레퍼토리의 강연을 반복하는 게 지겨워졌기 때문이었다. 눈이 맑고 커다랗던 그 배우는 현명하게도 이렇게 말했다. "우리는 같은 연극에서 같은 역할을 수도 없이 반복해야 하죠. 그러나 그 와중에서도 나는 뭔가 다르게 할 궁리를 해요. 손끝을 처리하는 미세한 동작, 들어가고 멈추는 타이밍, 대사에서 강조하는 단어나 어구, 캐릭터에 대한 접근 등을 조금씩 바꿔보죠. 일종의 실험이에요." 그녀는 또한, 이런 작은 변주에 관객이 어떻게 반응하는지 꼼꼼히 기억해 둔다고도 했다. 그리고 이렇게 하다 보니 공연이 더 재미있어졌다고. 간단한 이야기 같지만, 나는 진실로 이 배우의 이야기에서 깊은 영감을 얻었다. 나도 이제 그녀를 따라 하고 있다. 같은 내용의 강연을 반복해서 할 때도 언제나 약간의 변주를 주려고 노력하고, 그렇게 했을 때 학생들의 반응이 어떻게 달라지는지 관찰한다. 학생들을 관찰하다 보니 자연스럽게 그들과 더 소통하게 되고, 소통을 할 수 있게 되니 학생들도 나도 수업이 더 재미있어졌다. 강연의 질이 전보다 더 좋아진 것은 덤처럼 따라온 결과였다. 그러니 당신도 매일 반복해야 하는 일이 지겹고, 그 지겨움까지도 지겹다면, 그래서 살아가는 하루하루가 권태롭다면, 이렇게 생각하라. '어차피 돌은 굴려야 한다. 그렇다면, 재미있게 굴리리.' 작은 생각의 변화가, 당신은 물론이고 당신 주변 사람들에게도 좋은 '다름'을 가져다 줄 거다.

2

애착과 확증편향

그 사람, 사물, 생각에 애착을 느끼는 이유는 무엇일까?

●●●

우리는 노력을 기울이는 만큼 결과물을 사랑하게 된
다. 결과물을 자신과 동일시하게 되면서 정체성의 일
부로 받아들이기 때문이다. 이때 보너스처럼 따라오
는 것은 자기중심적 편향이다. 우리는 종종 다른 사
람은 나만큼 내 작품을 좋아하지 않을 수 있다는 걸,
어쩌면 내 작품의 팬은 나 혼자일 수도 있다는 걸 깨
닫지 못한다.

하려던 일도 안 하게 만드는, 동기를 저해하는 요소를 먼저 제거하는 게 최우선이겠지만, 우리는 동기를 증대시켜 의욕을 차오르게 만드는 방법도 알 필요가 있다. 우리를 행동하게 하는 힘은 무엇이며 어떻게 생겨나는지 이해하게 된다면 우리는 직장에서도 사생활에서도 생산성과 보람을 높이고 더 행복해질 수 있을 것이다.

그렇다면 동기는 어떻게 만들어질까? 이번에도 뭔가를 만들면서 해답을 찾아보기로 하자. 이번 예시는 소프트웨어나 바이오니클이 아닌 이케아IKEA 가구다. 이케아는 극악무도한 아이디어로 사람들을 사로잡은 북유럽 기업이다. 레고 같은 부속이 든 박스를 판매하고 아무리 봐도 이해가 안 가는 설명서를 해독해가며 고객이 직접 가구를 조립하게 만든다.

이케아 쇼룸을 둘러볼 때면 깔끔하고 안정된 디자인에 마음이 흐뭇해진다. 그러나 이 따스한 마음은 쇼룸에서 뿐이다. 나는 아이 장난감을 넣을 용도로 이케아 서랍장 하나를 사서 조립해봤는데, 생각보다 훨씬 큰 시간과 노력이 들었다. 동봉된 설명서를 읽으면서 얼마나 헤맸는지 아직도 기억한다. 한참 조립하다 보니 나사가 몇 개 없다는 걸 발견했는데, 알고 보니 내가 잘못된 곳에 끼워 두어서 그런 것이었다. 전반적으로 즐거운 과정이었다고 말할 수는 없었다. 하지만 조립이 끝나자 묘한 만족감이 밀려들었다. 한발 물러서서 서랍장을 바라보자 해냈다는 뿌듯함에 미소가 절로 났다. 지난 몇 년간 나는 집안의 다른 어떤 가구보다도 그 서랍장을 더 자주, 애정 어린 눈길로 쳐다보곤 했다.

나는 하버드대학교의 마이크 노튼 교수, 튤레인대학교의 대니얼 모촌 교수와 함께 직접 만든 물건에 대해 사람들이 갖는 과도한 애착을 '이케아 효과IKEA effect'라고 명명했다. 애초에 이케아로부터 아이디어를 얻어 연구를 시작하게 되긴 했지만, 손수 조립하는 것의 가치를 이해한 최초의 선구자가 이케아는 아니었다.

케이크 믹스의 역사를 생각해보자. 여성의 사회 활동이 거의 없었던 1940년대에 P. 더프 앤 손스P. Duff and Sons라는 회사는 혁신적인 케이크 믹스 신제품을 출시했다. 이는 거의 완제품에 가까워서 주부들은 가루와 물을 볼에 넣고 잘 섞은 다음 반죽을 케이크 팬에 부어 175도 오븐에 한 시간

반 동안 구우면 조리 끝, 완성이었다. 가족과 친구에게 대접할 맛있는 케이크가 이렇게 쉽게 만들어지는 것이었다. 하지만 이 편리한 케이크 믹스의 판매는 놀랍게도 부진했다. 맛이 없었기 때문일까? 아니, 과정의 복잡성 (그러나 우리가 싫어하는 그 어려운 복잡함이 아니라) 때문이었다.

더프 앤 손스는 뒤늦게 그들의 소비자들을 파악하게 됐다. 사람들은 물만 넣으면 완성되는 케이크 믹스로 만든 케이크는 마트에서 파는 것과 다르지 않다고 여겼다. 물론 오븐에 따끈하게 구워져 나오기는 하지만, 핸드메이드의 숨결은 전혀 없었기 때문이다. 들어간 노력이 거의 없다 보니 뭔가를, 그것도 손수 만들었다는 느낌은 거기에 없었다.

맹점을 파악한 더프 앤 손스는 해결책을 내놓았다. 이번에는 믹스에서 계란 분말과 우유 분말을 빼고 조리 과정을 조금 더 복잡하게 만들어 새롭게 출시한 것이다. 소비자들은 믹스에 직접 신선란과 오일, 생우유를 넣어야 했고 어느 정도 직접 조리한다는 기분을 느낄 수 있었다. 따라서 최종 결과물에도 훨씬 더 의미를 두게 되었다. 누군가 그에게 "케이크 맛있게 구우셨네요!"라고 말하면 미소를 지으며 "정말

그렇죠?"라고 말할 수 있게 된 것이다. 더프 앤 손스의 신제품에 추가된 것은 소비자의 뿌듯함이었다.[6]

더프 케이크 믹스 이야기는 노력과 주인의식, 그리고 그것이 동기 유발과 어떻게 연결되는지 잘 보여주는 단순하고 분명한 사례. 사람들은 대상에 시간과 노력을 더 많이 투자할수록 강한 주인의식을 느끼게 되고 결과물에 대한 애착과 만족감도 더 크게 느낀다.

내가 만든 거 진짜 좋아 보이지 않아?

'이케아 효과'를 자세히 알아보고 싶어진 나는 대니얼, 마이크 교수와 함께 더 통제된 실험을 진행했다. 우리는 실험 참가자들에게 시간당 보수를 받고 종이접기를 하게 했다. 우리는 참가자들에게 종이접기 도안과 색종이를 나눠준 뒤 종이학과 개구리를 만들어 보라고 주문했다.

해본 사람은 알겠지만, 종이를 접어 우아한 작품을 만들기란 말처럼 쉽지 않다. 더구나 참가자들 모두 종이접기를 처음 해보는지라 어떤 결과물도 대단한 작품이라 보기는 힘든 수준이었다.

작업이 끝나고 우리는 참가자들에게 이렇게 말했다. "고생 많으셨습니다. 여러분은 보수를 받는 대가로 종이접기를 해주셨기에 방금 만든 종이학은 저희 재산입니다. 하지만 꼭 원하신다면 구매하실 수는 있습니다. 가져가고 싶은 분이 있다면 낼 수 있는 최대 가격을 써서 저희에게 주십시오."

우리는 종이접기 실험에 참여한 이들을 '창작자'로, 그리고 참여하지 않은 사람들을 '구매자'로 불렀다. 그리고 창작자의 완성품을 구매자에게 보여준 뒤 얼마에 그것을 구매하고 싶은지 가격을 매기게 했다. 창작자들이 제시한 가격과 구매자 집단이 제시한 객관적인 가격을 비교해보기 위함이었다. 나와 연구팀은 많은 창작자가 아예 구매를 원하지 않을 수도 있다고 생각했지만, 전혀 그렇지 않았다. 많은 창작자가 보수를 받기 위해 만든 종이학을 다시 돈을 내고 구매하겠다고 했으며, 그 가격은 구매자들이 부른 것보다 다섯 배나 높았다.[7]

창작자들은 그들이 직접 만든 종이접기 작품에 깊은 애

착을 느껴 가치를 과대평가한다는 걸 인식하고 있었을까? 그들은 다른 사람들의 시선을 어떻게 예측했을까. 남들도 똑같이 작품의 가치를 높이 평가할 것으로 착각했을까?

질문에 대답하기 전에 걸음마를 배우는 아이를 생각해 보자. 아기들은 자기중심적이다. 아기들은 눈을 감아서 남이 보이지 않으면 다른 사람의 눈에도 자기가 안 보인다고 생각한다. 점차 커가면서 이런 자기중심적 편향은 자연스레 옅어진다. 하지만 완전히 사라질 수 있을까? 그렇지 않다!

인간의 자기중심적 편향은 어른이 되어서도 여전히 강하게 남아있다. 자기 손으로 만든 작품에 대한 인간의 사랑은 거의 맹목적이다. 실험에 참여한 창작자들은 자신의 창조물을 과대평가할 뿐만 아니라 다른 사람들도 자신만큼 그 종이학을 좋아할 거라고 착각했다.

여기서 끝이 아니다. 우리는 한술 더 떠서 종이접기 실험의 불가능한 버전을 만들었다. 불가능한 버전의 실험 참가자들은 종이학을 제대로 완성하는 게 말 그대로 불가능했다. 우리가 그들에게 불완전한 종이접기 도안을 제공했기 때문이다. 이전 실험의 참가자들에게 제공한 표준 도안에는 단계마다 화살표와 곡선 표시가 되어 있어서 종이의 어디를 어떤 방향으로 접어야 하는지 알 수 있었다. 그러나 이번에는 이런 표시를 전부 없애 도안이 거의 없는 것과 다름없었다.

당연하게도 불가능한 버전의 실험 참가자들이 만든 종이학은 전보다 훨씬 더 볼품없었다. 이것을 본 구매자들은 (종이학이라는 걸 겨우 알아보았다) 전보다 더 낮은 가격을 매겼지만, 창작자들은 이번에도 그런 객관성을 보이지 않았다. 불가능한 버전의 창작자들은 명확한 지침을 받고 종이접기에 임한 이들보다 오히려 결과물에 더 큰 애착을 보였다. 내가 조립하느라 애를 먹었던 이케아 서랍장을 결국 좋아하게 된 거처럼, 종이접기 실험 참여자들 역시 고생하면서 만든 것에 더 깊은 애착을 보였다.

바이오니클이나 종이접기 활동은 실험 참가자들의 정체성 혹은 직업과는 아무런 관련 없는 활동이었다(이들 중 레고 제작자나 종이 공예 전문가는 없었다). 보통 개인에게 가장 중요한 동기 부여 요소가 되는 정체성이나 직업과 관련이 없는 활동임에도 불구하고 실험 참가자들은 그들의 인정 욕구, 성취감, 창작이 주는 보람을 착실히 따라 행동했다. 우리

"아무래도 네가 만든 건 도안이랑 다른 거 같은데."
"도안?! 됐고, 내가 표현한 디테일 좀 봐."

마음이 움직이는 순간들

는 사람을 움직이는 기본적인 욕구가 무엇인지를 확인한 셈이다. 하물며 자신의 실제 일상과 관련이 없는 실험에서도 이러할진대, 실제 직장에서는 어떠할까. 예컨대 앞서 내 청중으로 등장했던 IT 기업 엔지니어들이 그들의 프로젝트를 그들과 동일시하는 정도와 우리 실험의 참가자들이 레고와 종이학에 갖는 자기동일시 정도는 확실한 차이가 있을 것이다.

앞서 나는 동기 부여의 힘과 복잡성을 이해하고 잘 활용하고 있는 기업 사례로 자포스를 이야기했다. 자포스는 인재를 모집하고 유지하는 일을 매우 중시하는 기업답게, 직원 개개인에게 집중하고 그들이 기업과 소속 팀에 연대감과 행복감을 느낄 수 있도록 최선을 다한다. 이를테면 글을 더 잘 쓰고 싶은 직원이 있다면 글쓰기 코치를 붙여주는 식이다. 사무실의 존재 목적은 직원들의 연대와 아이디어 충돌 촉진에 있으므로, 직원들은 책상에서 일어나 돌아다니며 서로 만나고 아이디어를 교환한다. 고객을 놀라게 할 수 있는 일은 무엇이든 장려한다. 고객 전화에 정해진 형식을 따라 응대하는 직원은 아무도 없다. 새 아이디어를 습득하고 그 내용을 다른 사람들에게 공유하면 보너스를 받는다. 복도에는 간이

볼링장이 차려지고 직원들은 코스튬을 입고 출근한다. 자포스의 핵심 가치 중 하나는 이것이다. '즐거움, 그리고 약간의 괴상함을 추구하자.' 이 같은 요소들이 자포스를 〈포춘〉 선정 최고의 직장으로 뽑히게 한 원동력일 것이다.

창조하는 고객

"모든 고객은 원하는 대로 자동차의 색을 선택할 수 있다. 단, 그 색은 검은색일 것이다." 이렇게 말한 사람은 포드 자동차의 설립자 헨리 포드다. 과연 20세기 미국의 대량생산 시스템의 상징과도 같은 말이다. 실제로 포드는 당시 가장 많이 팔린 자동차이자, 자동차의 대중화에 기여했다고 평가받는 포드의 T 모델을 전부 하나의 색, 검은색으로만 생산했다. 하지만 이건 다 옛날이야기가 되었다.

사람들은 그것이 무엇이든 자신이 만든 것에 애착을 느끼며 정체성과 의미를 부여한다. 자신의 이름을 걸고 만들어낸 유·무형의 창작물은 물론, 단순히 취미로 만든 것에 대해서도 마찬가지다.

그렇다면 우리가 만들어내지 않은 것에 대해서는 어떨까? 소비자로서의 우리 모습을 들여다보자.

포드 T 모델에 열광하던 때와 달리 이제 우리는 소비자로서 차의 색깔을 선택하는 것은 물론 내부 디자인, 컵걸이의 개수, 휠 림 디자인까지 모두 선택할 수 있다. 나이키 온라인 매장에서는 신발 끈부터 안감 색상까지 지정해 나만의 운동화를 만들 수 있고, 엠앤엠즈M&Ms에서는 원하는 색상의 초코볼만 골라 주문할 수 있다. 고객이 아예 제작단계에서부터 참여하기도 한다. 크라우드 펀딩 플랫폼에서 개인취향에 따라 아트와 패션, 영화, 게임, 테크놀로지 등 모든 분야의 크리에이티브 프로젝트를 지원할 수도 있다.

사람들이 고객 맞춤형 서비스에 끌리는 이유는 그들의 선호를 반영할 수 있기 때문일까? 고객은 내 선택으로 만들어진 제품에 자신의 개성을 담는다고 생각한다. 따라서 더 많은 디자인 선택에 참여할수록 최종 제품에 대한 고객의 애착도 커질 확률이 높다.

생각해보자. 3D 프린팅은 머지않아 상용화될 것이다. 소비자는 단순히 디자인 과정에 참여하는 데서 그치지 않고 사진 액자부터 옷, 가구 등 온갖 제품을 직접 생산하게 될 것이다. 이런 제품은 형태가 어떻든 내 노력과 디자인, 정성 그리고 나만의 정체성이 오롯이 담겨있기 때문에 다른 사람이 만든 어떤 것보다 더 의미가 클 것이다.

우리 집에 생긴 엄청난 사우나

집보다 더 개인적인 것이 있을까? 사람들은 (임대했을 때 조차도) 먹고사는 공간을 정성껏 디자인한다. 우리에게는 취향과 개성을 표현하고 싶은 강한 욕구가 있기 때문이다.

내가 케임브리지에 있는 MIT에 재직할 때 아내와 나는 대학교 근처에 집을 샀다. 오래된 집이었기에, 불편과 비용을 감수하고 전체 수리를 해야 했다. 우리는 방을 원하는 디자인으로 개조하고 벽을 없애고 창을 확장했다. 집수리가 끝나자(수리라는 것에 끝이 있는지 모르겠으나) 우리 부부는 넓고 탁 트인 느낌에 굉장히 만족했다. 그리고 에너지를 쏟은 만큼 우리는 그 집을 정말 사랑했다.

나는 몇 년 후 노스캐롤라이나에 있는 듀크대학교로 이직을 했고, 케임브리지의 집은 팔아야 했다. 그러나 우리 집은 정말 오랫동안 매물로 내놨으나 몇 달이 지나도 팔리지 않았다. 그러던 중 부동산에서 찾아와 '집을 팔고 싶다면 벽을 다시 세워야 한다'고 조언했다. 사람들이 개방형 구조를 선호하지 않으니 벽을 세워 공간을 나눠야 한다는 거였다. 우리는 중개업자의 생각이 틀렸다고 확신했다. 탁 트인 개방형 구조가 얼마나 근사한데 그걸 모른다고? 가족들이 넓은 공간 여기저기에 흩어져 있지만, 여전히 함께 있는 듯한 느낌을 주는 이 따스한 구조를 누가 사랑하지 않을까? 우리는 중개업자의 조언을 따르지 않았다.

하지만 아무리 기다려도 집은 팔리지 않았다. 결국 우리는 항복했다. 벽을 세우고 방을 몇 개 만들었다. 그러자 산다는 사람이 나타났다. 여기서 얻은 교훈은 이랬다. 자기가 만든 꾸불꾸불한 종이 학에 애착을 느끼던 실험 참가자들처럼 아내와 나도 자기중심적 편향에 빠져있던 것이었다. 우리 취향은 우리 취향일 뿐, 이를 공유하는 사람은 소수일 것이다. 하지만 행동경제학을 연구하는 나조차도 이 사실을 진정으로 깨닫고 받아들이기란 쉽지 않았다.

아무도 사려고 하지 않는 개방형 구조였다는 것 외에 우리 집의 또 다른 특징은 예술적인 목재 사우나가 있다는 것이었다. 나는 우리 집 사우나가 고도의 장신정신으로 만들어지는 과정을 통해, 동기의 주요 원동력인 주인의식을 관찰할 수 있었다.

우리는 처음 집을 샀을 때 다락 단열재를 보강하고 난방 시스템을 새로 설치하고 화장실도 수리했다. 그리고 마지막으로 지하에 사우나를 만들고 싶었다. 우리 집의 수리와 인테리어를 맡아준 분들은 숙련된 전문가답게 적당한 여유와 약간의 권태로움으로 작업에 임했다. 이들은 난방을 설치하고 화장실을 고치는 데 어떤 어려움도 없었으나 어떤 열정을 보이지도 않았다. 하지만 이들이 유일하게 큰 관심과 열정을 쏟은 것이 있었으니, 그게 바로 사우나였다. 공사가 진행되던 어느 날 저녁 업자분이 나를 불렀다. "여기 보세요!" 자랑스럽게 입을 연 그는 벽과 벤치 목재를 재단한 특별한 방식을 설명하며 목재의 나뭇결이 얼마나 섬세한지, 또 나사가 목재 표면에 드러나지 않게 얼마나 정교하게 배치했는지, 이음새는 얼마나 매끄러운지 자랑스럽게 보여주었다. 나는 인정하지 않을 수 없었다. 그 정교함은 실로 대단했다. 사우나에서 드러난 이 놀라운 장인정신은 완전히 새롭고 아름다운 뭔가를 창조하며 나온 순수한 즐거움의 결과였다.

인테리어 전문가에게 난방이나 화장실 작업은 기존의 구조에 약간의 손질을 추가하는 일일 뿐이었다. 그런 작업에는 창의성이 발휘될 틈이 거의 없다. 그러나 사우나는 무에서 유를 만들어내는 작업이었다. 토대부터 새로 만드는 일을 할 때와 '개조' 정도로 부를 수 있을 만한 작업을 할 때 느끼는 주인의식은 다를 수밖에 없다. 우리 집 목재 사우나는 거의 필요 이상으로 예술적이었다. 그들에겐 아마도 오랜만에 장인정신과 창의성을 표출할 기회였으리라. 그리고 다른 어떤 작업보다도 훨씬 더 가치 있는 일이라고 느꼈을 것이다.[8]

그거 내가 만든 농담이라고!

미국 시트콤 〈프렌즈〉에 이런 에피소드가 있다. 로스와 챈들러는 〈플레이보이〉 잡지에 실린 농담을 두고 서로 자기가 생각해 낸 것이라고 우긴다. 둘은 자신이 언제 어느 상황에서 그 농담을 생각해냈고 누구에게 처음 이야기했는지 알리바이까지 밝히며 농담의 주인이 자신임을 주장한다.

사람은 자신이 만들어낸 것이라면 형태가 있는 사물은 물론 아이디어처럼 형태가 없는 것에도 똑같이 애착을 느낀다. 이런 애착은 놀랍게도 생의 매우 초기부터 시작된다. 비비안 리, 알렉스 쇼, 크리스티나 올슨은 이를 보여주는 흥미로운 실험[9]을 했다. 이들은 네 살배기 아이들에게 두 개의 똑같은 만들기 재료 세트를 나눠주었다. 각 세트는 다섯 가지 종이 도형과 면으로 된 공 두 개로 구성됐다. 판지를 풀로 이어 붙이면 구조물을 만들 수 있었다. 첫 번째 실험에서 연구진은 아이들에게 재료를 이용해 만들 수 있는 구조물을 머릿속에 그려본 다음, 정확히 어떤 식으로 조합할 것인지 설명하도록 했다. 그러면 연구진은 아이들의 설계에 따라 구조물을 만들었다.

두 번째 실험에서는 연구진과 아이들이 역할을 바꾸었다. 연구진이 아이들에게 어떤 도형을 어디에 배치할지 설명하면 그에 따라 아이들이 구조물을 만들었다. 실험이 끝난 후, 연구진은 아이들에게 두 번의 실험을 통해 나온 결과물 중 더 좋아하는 것을 고르게 했다. 아이들은 어떤 걸 선택했을까? 머릿속으로 그림을 그렸던 아이디어의 산물일까, 아니면 손으로 직접 만든 공작물일까? 당신이라면 어떤 걸 골랐을까?

현저한 차이로 아이들은 자신들의 아이디어가 구현된 구조물을 골랐다. 지시에 따라 손으로 만든 것을 고른 아이는 드물었다.

아이디어 애착에 관한 또 다른 실험이 있다.

"용과 소녀에 관한 이야기를 하나 만들어서 들려줄래?" 연구진은 다섯 살 아이들에게 이렇게 요구했다. 아이가 즉석에서 이야기를 만들어 들려주면 또 다른 연구진이 방으로 들어왔다. 그러면 이야기를 들은 연구진이 새로 들어온 사람에게 "토미가 방금 진짜 재미난 이야기를 해줬는데…!"라면서 아이의 이야기를 전달했다.

그러나 이때 이야기의 창작자를 밝히지 않거나 거짓말을 한다면 아이들은 어떻게 반응할까? 아이들이 아이디어에 애착을 갖는다면 자신이 이야기의 창작자임을 밝히고자 할 것이었다. 연구진은 이를 살펴보기 위해 '창작 권리를 가로채는 조건'으로 실험을 다시 진행했다. 이번에도 똑같이 아이에게 이야기를 들은 다음, 새로운 사람이 방으로 들어왔을 때 "내가 진짜 재미난 이야기를 생각했는데~!"라며 아이의 이야기를 가로채 전달했다. 그러자 아이들은 "그거 제가 생각한 이야기라고요!"라며 큰소리로 항의했다.[10]

우리는 아주 어릴 때부터 자기 아이디어에 애착을 느끼며 소유권을 주장한다.

정체성의 중요성

이 시점에서 중요한 질문을 하나 해보자. 바이오니클 조립이나 글자 쌍에 동그라미를 치는 간단한 일일지라도 누군가 인정만 해 준다면 그것만으로 우리는 그 일에 매력을 느끼고 의욕을 갖게 된다. 직접 만든 종이학이라면 아무리 엉성할지라도 좋아하는 게 사람이다. 그렇다면 시애틀의 엔지니어들이 한 것처럼 혼을 다 바친 프로젝트는 사람에게 얼마나 소중한 걸까?

이 질문의 답을 찾기 위해 개인 맞춤화 정도가 가장 높은 프로젝트인 '아이 키우기'를 생각해보자. 우리 부부에게는 눈에 넣어도 아프지 않을 사랑스럽고 영리하며 예쁘고 재주 많은 두 아이가 있다(최소한 우리가 보기에는 그렇다). 나와 아내는 아이의 기저귀를 갈고 아플 때 보살피고 짜증을 받아주고 물놀이를 하고 재우고 먹이고 학교에 데려다주고 숙제를 도와주고 축구 경기에 가서 응원하고 학교에 참관하러 가고 생일파티를 꼬박꼬박 열어주고 다친 무릎에 밴드를 붙여주고 대학 등록금을 댔다. 아이를 키우는 과정은 육체적, 정신적으로 힘들 때가 많지만, 우리 부부는 아이에 대한 투자라고 생각해 기꺼이 힘을 냈다. 아이들의 눈을 바라보고 웃음소리를 들을 때면 가장 순수하고 사랑스러운 우리 자신의 모습을 보는 것 같았다. 다르게 말하자면 우리는 아이들에게 정서적으로, 금전적으로, 가능한 모든 방식으로 엄청난 투자를 했다. 아이들은 우리가 더는 이 세상에 없을 때도 이어질 본질, 유산 그 자체니까.

여기서 잠깐 종이접기 실험의 맥락에서 아이들을 생각해 보자. 당신이 환상과 현실 사이 어딘가의 미지공간을 배경으로 한 SF 영화 〈환상 특급The Twilight Zone〉에서 처럼 평행우주에 가게 된다고 상상해 보자. 이곳의 당신에겐 눈에 넣어도 아프지 않은 사랑스럽고 영리하고 재주 많은 두 아이가 있다. 당신은 아이들에게 막대한 투자를 해왔다. 그러던 어느 날, 당신이 아이들과 공원에서 놀고 있을 때 어떤 사람이 다가와 아이들이 마음에 든다며 미국 중산층의 진지한 어조로 이렇게 묻는다. "얘네들 파시나요?" 그녀는 아이들을 좋은 집에 데려가서 잘 키우겠다고 약속한다. 자, 당신은 얼마를 부르겠는가? ('아이를 팔라고? 말도 안 돼!'라고 현실의 잣대로 생각하지 말길, 여기는 평행우주다) 당신은 아마 아주, 아주, 아주 높은 금액을 부를 것이다. 아이들이 말 안 듣는 사춘기 청소년이 아니라면 말이다. 이번에는 반대 상황을 한번 상상해볼까? 당신에겐 자녀가 없다. 그러다 공원에서 현실의 자녀와 똑같이 생긴 (그러나 현실과 다른 존재인) 아이들과 만나게 된다. 당신은 반가운 마음에 두 아이와 시간을 보내는데, 멀리서 아이들의 엄마가 다가와 "우리 애들과 잘 통하시네요! 마침 얘네를 팔고 있는데, 사실래요?"라고 묻는다. 당신은 얼마를 주겠다고 할까? 아마 당신은 아까보다 훨씬 낮은 가격을 부를 것이다.

우리가 자녀를 값을 매길 수 없을 만큼 소중한 존재로 여긴다는 것 외에, 이 짧은 가상 실험을 통해 우리가 알 수 있는 것은 무엇일까? 우리는 우리의 시간과 노력을 들여 키운 자녀를 타인이 키워낸 자녀(심지어 같은 아이인데도)보다 더 가치 있게 생각한다. 가치는 곧 의미다. 즉, 설령 결과물이 똑같아 보일지라도 우리는 우리가 품을 들인 것에 의미를 둔다는 것이다. 아이 양육은 정말 손이 많이 가는 일이다. IT 기업의 엔지니어들이 대형 프로젝트에 2년간 쏟아부은 것보다 훨씬 더 큰 에너지가 투입된다. 게다가 시간도 많이 들고 미친 듯이 복잡하다. 아이 양육에 관한 지침이 있다지만, 이케아 설명서보다 훨씬 미덥지 못하며 명확하지 않을 것이 자명하다. 아무리 세세하게 설명해 놓았다 해도 다 읽고 이해하려면 이생을 지나 다음 생까지 다 바쳐도 부족할 것이다.

자녀에게 시간과 에너지를 쏟는 과정을 통해 부모는 비로소 의미와 연대감을 느끼게 되고, 그 결과 아이들을 고유한 존재로 느낄 수 있게 된다.

자녀 양육을 이런 식으로 이해할 수 있다면, 사람들이 별것 아닌 바이오니클 조립품에 왜 그렇게 가치를 두었는지, 또는 우리 부부가 케임브리지 집에 왜 그렇게 애착을 보였는지 더 잘 헤아릴 수 있을 것이다. 우리는 노력을 기울이는 만큼 결과물을 사랑하게 된다. 결과물을 자신과 동일시하게 되면서 정체성의 일부로 받아들이기 때문이다. 이때 보너스처럼 따라오는 것은 자기중심적 편향이다. 우리는 종종 다른 사람은 나만큼 내 작품을 좋아하지 않을 수 있다는 걸, 어쩌면 내 작품의 팬은 나 혼자일 수도 있다는 걸 깨닫지 못한다.

'몰입'은 이 활동이 갖는 중요성에도 불구하고 사람들에게 저평가되어왔다. 점점 더 많은 사람이 그들의 삶에서 '의미 있는 몰입의 시간'을 줄이고 있는 것처럼 보인다. 사람들은 노력과 도전이 필요한 경험을 회피하곤 한다. 우리는 종종 이렇게 생각한다. '돈만 있다면 사람을 고용해 집 청소, 요리, 케이블 설치 같은 귀찮은 집안일에서 벗어날 수 있을 텐데. 그러면 나는 내가 에너지를 쏟고 싶은 일에 더 집중할 수 있을 거야.' 그러나 이런 일들을 직접 하지 않을 때 우리가 잃는 것은 정녕 아무것도 없을까? 노력하지 않을 때 우리가 치러야 할 대가는 없는 걸까?

돈으로 무언가 해결한다면 잠깐은 편안할 수 있다. 그러나 장기적으로 한번 생각해보자. 집안일을 직접 하지 않는다는 건 내 집을 돌보는 시간, 나와 사랑하는 사람들이 먹을 음식을 생각하고 만드는 시간이 없어진다는 것을 뜻한다. 이런 시간이야말로 풍요로운 삶을 살아가는 데 필수적인 것일지 모른다.

의미는 저절로 생기지 않는다. 우리가 땀 흘려 노력할 때 비로소 의미는 생겨난다.

3

화성에서 온 돈, 금성에서 온 피자, 목성에서 온 칭찬
돈은 생각보다 훨씬 '덜' 중요하다

●●●

실험에서 확인할 수 있었듯 감사와 인정, 돈이 아닌 마음을 담은 형태의 보상은 직원들의 작업 몰입도와 성과를 변화시킨다. 물론 현금 보상이 꼭 필요할 때도 있고, 직원들도 고마워할 수 있다. 그러나 인정은 배제한 채 오직 돈의 형태로만 보상이 주어질 때, 그들에게 다음번 마감일을 앞당겨 달라고 부탁한다면 이런 반응이 돌아올 것이다. "이번엔 얼마 주실 건가요?"

머리에 반질반질하게 왁스를 잔뜩 바른 남자가 불안감을 조성하듯 사무실 안을 왔다 갔다 하고 있다. 이내 남자는 잔뜩 주눅이 든 채 앉아있는 팀원들에게 마치 신병 훈련소의 지독한 교관처럼 소리친다. "앞으로 몇 주간은 각오해. 매출 왕을 뽑을 테니까." 남자는 눈을 희번덕거리며 말을 잇는다. "1등에게는 엄청난 상을 줄 거야. 근사한 캐딜락을 주겠어. 2등에게는 식기 세트 정도를 주지. 그럼 3등 상은 뭘까? 해고야."

이 악명높고 모욕적인 동기 부여 연설은 영화 〈글렌게리 글렌 로스Glengarry Glen Ross〉에 등장하는 장면이다. '세일즈의 마지막은 언제나 판매다(Always Be Closing, ABC)'라는 메시지를 열렬히 던지는 이 장면은 위협과 같은 외적 동기(행동을 일으키게 하는 외부적인 계기)가 일에 대한 의욕을 고취시킨다는 시대착오적인 믿음을 반영하고 있다.

영화를 떠나서, 직원을 쥐 잡듯 하는 협박은 현대 직장에서 더는 통하지 않는다. 그렇다면 통하는 인센티브란 어떤 걸까? 승진, 휴가, 의료보험과 퇴직 연금? 어떤 종류의 긍정적인 인센티브가 사람들의 업무 의욕을 만들까? 관리자들은 실적을 세운 직원에게만 커피를 제공해야 할까? 기업은 분기 목표를 달성한 직원에게만 휴가나 의료보험 혜택을 더 주어야 할까? 초과 근무를 자주 하는 직원에게만 좋은 사무실을 배정해야 할까? 이 모든 문제를 모두 포괄하는 하나의 질문은 이것이다. '동기 부여에 가장 좋은 외적 보상은 무엇인가?'

사람은 동기 없이 행동하지 않는다. 동기는 삶의 거의 모든 측면을 지탱하는 힘이며, 이 힘은 다양한 방식으로 영향력을 행사한다. 그렇기에 하나의 동기 유발 규칙을 도출해내는 것은 불가능하다. 전쟁으로 폐허가 된 나라의 사람들과 NBA 선수들에게 동기를 부여하는 방법이 얼마나 다를지 상상해 보면 이해가 쉽겠다.

당신이 작은 스타트업의 CEO라고 상상해 보자. 현재까지 직원은 아주 유능한 단 한 사람, 즉 당신뿐이었다. 이제는 누군가를 고용할 때가 되었다. 당신이 해야 할 일은 미래 직원을 관리하는 데 필요한 원칙과 규정을 세우는 것이다. 직원을 어떻게 다루면 좋은지 차근차근 알려주는 책은 어디에도 없다. 그러니 당신이 직접 직원을 교육하고 관리할 최고의 방법을 스스로 생각해야 한다. 최고경영자부터 말단 직원에 이르는 회사의 직급 체계와 급여 체계도 세워야 한다. 급여 기준은 무엇으로 해야 할까. 일한 시간? 업무 난이도? 총생산량? 의료보험 혜택과 보너스, 휴가 정책은 또 어떻게 어떻게 할까? 칭찬, 동료애 같은 정신적인 보상과 급여, 보너스, 선물 같은 물질적인 보상을 어떻게 조합해야 직원들의 업무 의욕을 끌어낼 수 있을까?

합리적 규정

보다시피 직장 내 동기 유발 메커니즘을 구축하려 할 때 고려해야 할 사항이 꽤 많다. 하물며 정책 입안의 경우는 어떨까. 기업 내 직원들의 행동을 독려하려 할 때도 정책 하나를 구축하기가 쉽지 않은데, 국가의 정책을 만드는 과정은 그보다 훨씬 더 복잡할 것이다.

정책 입안자들은 새로운 정책이 추구하는 방향대로 사람들이 움직이도록 동기를 유발하는 온갖 방법을 총동원한다. 예를 들어 '아동 낙오 방지법'(지금은 폐지됨)이나 '부담 적정 보험법'처럼 전 국민을 대상으로 하는 교육 및 보건 분야의 정책을 생각해보자. 이런 거대 정책은 금전적 보상과 처벌, 금지와 제약 및 공적 자부심과 수치심(양심) 등 다양한 인센티브를 적절히 혼합해 만들어진다. 정책 분야에서 의도하는 특정 행동을 촉발하기 위해 긍정적, 부정적 인센티브들이 모두 사용된다.

그러나 이 정책들이 교육이나 보건 분야를 개선하는 데 실질적인 도움을 주진 않았다(일각에서는 사태를 더 악화시켰다고도 주장한다). 나는 정책 입안자들의 부주의함이 많은 문제점을 불러왔다고 생각한다. 그들은 정책을 세우기 전에 정책과 가까이 맞닿아있는 현장에 나가 교사나 의료진들의 동기를 촘촘히 분석하는 작업을 선행했어야 했다. 그리고 현장에 나가 마땅히 다음과 같은 질문을 던지고 답을 구해야 했다. "전문가 여러분이 이미 잘하고 있는 영역은 무엇입니까? 추가적인 동기 유발이 필요 없는 부분은 어디입니까? 어려움이 있는 부분은 무엇이며, 어떤 종류의 추가적인 동기 유발이 가장 효과적일까요?" 그러나 그들은 이렇게 하지 않았다. 정책 입안자들은 정책을 커다란 망치로, 교사와 의료 전문가들은 벽에 박아 넣을 못 정도로 인식하는 듯하다. 그 결과 직장을 '노동과 보수가 맞교환되는 곳'으로 단순하게 정의하고 전형적인 성과급 체계(실적에 따른 보너스)를 실행한다. 그리곤 먹이를 향해 달리는 쥐처럼, 직원들이 의욕을 갖고 성과를 향해 달려갈 것을 기대한다. 하지만 앞으로 확인하게 되겠지만, 이런 기대는 종종 완전히 빗나간다.

인텔에서의 인센티브 실험

각기 다른 환경에 있는 사람들 모두에게 딱 맞는 동기 유발 방법 같은 것은 존재하지 않는다. 그러나 분명한 것은 단순한 보상 체계나 처벌 규칙으로는 사람들의 행동을 통제할 수 없다는 것이다.

여러 해 전, 나는 캘리포니아대학교의 유리 그니즈 교수, 카네기멜런대학교의 조지 뢰벤슈타인 교수, 토론토대학교의 니나 마자르 교수와 함께 '고액 상여금 효과'에 대한 실험을 실시했다.[11] 실험을 통해 발견한 사실을 한 문장으로 요약하면 이것이다. '상여금이 많을수록 성과 하락의 폭도 커진다.'

받을 수 있는 액수가 커질 때 오히려 성과는 줄어든다니, 우리의 예상과 정반대의 결과가 아닌가. 이 같은 결과의 원인은 사람들의 스트레스와 두려움이었다. 실험 참가자들은 실험 내내 고액의 상여금을 받지 못하면 어쩌나 하는 불안에 시달리는 모습을 보였다. 하지만 이건 어디까지나 연구실에서 진행한 실험에 불과했다. 연구실이라는 환경은 노동의 대단히 복잡한 특성을 파악하기에 제약이 있으므로, 우리는 실제 직장에서 일하는 직원들을 대상으로 실험할 방법을 찾고자 했다.

거의 모든 기업이 어떤 형태로든 인센티브로 상여금을 활용하고, 또 이것이 기업 지출에서 가장 큰 부분을 차지하지만, 실제 그 효과가 어느 정도인지에 대해 알려진 바는 거의 없다. 이것이 우리가 상여금을 연구한 이유다. 어떤 형태의 보너스가 가장 효과적인지는 그보다 더 알려진 게 없다. 따라서 보너스의 효과를 이해하는 것은 행동경제학자들의 지상과제가 되었다.

우리는 동기와 성과에 관한 실험을 할 이상적인 직업군을 물색하기 시작했다. 이 실험에 적합한 최고와 최악의 직업은 무엇일까. 이에 대해서는 다양한 의견이 나올 수 있을 테지만, 내 직업(대학교수)이 적절하지 않다는 데에는 아마 이견이 없을 것이다. 대학교수의 생산성은 계량화하기 매우 어렵다. 총장은 나의 생산량을 무엇으로 측정할까. 내가 발표한 논문의 개수? 아니면 내 수업을 듣는 학생들의 강의평가? 총 강의 시간? 내가 내놓은 좋은 아이디어의 수? 교수의 일은 생산량은 물론 질을 측정하기도 그만큼 어렵다. 예를 들어 내가 쓰고 당신이 읽고 있는 이 책도 얼마나 괜찮은지 어떻게 판단할 수 있을까? 판매 부수? 전문가의 평가? 판단 기준을 정하기도 쉽지 않은 일이다. 교수는 동기와 생산량 간의 관계도 직접적이거나 명확하지 않은 직업이다. 연구자로서 어떤 질문의 답을 찾고 싶은 의욕이 불타오를지라도 반드시 그걸 연구하지는 않는다. 의욕이 넘치지 않아도 우연히 좋은 연구 주제를 만나기도 한다. 사실 생산성을 계량화하기 힘든 건 비단 교수만의 문제는 아니다. 대부분의 지식 노동자들이 그럴 것이다.

여러 동기 부여 요인들이 갖는 다른 효과를 정확하게 알기 위해서는 생산량을 비교적 쉽고 정확하게 측정할 수 있고, 업무 또한 어느 정도 일정한 직장 환경이 필요할 터였다.

마침 그때 듀크대학교의 연구원이던 가이 호크만이 내게 이스라엘 인텔의 HR 부서에서 일하는 리아드 바레케트를 소개해준 것은 행운이었다. 리아드는 사회과학 이론을 렌즈 삼아 인간의 동기를 살펴보는 일에 흥미를 보였다. 우리는 그녀의 팀과 함께 반도체 생산 시설에서 컴퓨터 칩을 조립하는 직원들을 대상으로 실험을 설계하고 실시했다. 특정 업무에 대한 정확한 성과 데이터를 얻을 수 있을 것이었기 때문에 연구팀의 기대감은 증폭되었다.

이 반도체 공장의 표준 근무 주기는 8일이었다. 직원들은 나흘간 12시간씩 일한 뒤 나흘간 쉬었다. 이 공장의 상여는 근무 주기의 1일 차에 집중되어 있었다. 나흘의 휴가를 끝내고 돌아온 노동자들의 생산성을 빠르게 회복시킬 특단의 조치가 필요하다는 공장 관리자의 가정에 따라 고안된 구조였다.

공장 보너스의 체계는 이랬다. 매일 아침 관리자는 직원들에게 그날의 개인별 생산 목표를 알려준다. 근무 1일 차에는 그날 목표 달성 시 현금 100셰켈(셰켈은 이스라엘의 통화다. 100셰켈은 약 30달러 정도다)을 받을 수 있었다. 우리는 이 시스템이 과연 다른 보너스 형태와 비교했을 때 얼마나 효과가 있는지 확인해보고 싶었다.

기업의 시스템이 정말 효과적인지 테스트해보자고 제안하는 연구팀을 반기는 곳은 그리 많지 않다. 보통은 뜨뜻미지근한 반응을 보이기 마련이다. 하지만 인텔에서는 우리의 제안과 아이디어를 매우 반겼다. 그랬기 때문에 연구팀은 좀 더 적극적으로 다양한 실험 조건을 제안할 수 있었다. 우리는 금전적 보상 대신 맛있는 패밀리 사이즈 피자를 집으로 배달해 주자고 제안했다. 이렇게 하면 직원들에게 가족들과 함께하는 저녁 시간을 선물해주는 게 될 거라고 설득했다.

회사는 (놀랍게도) 피자 인센티브에 찬성했지만, HR 팀에서 피자 배달 물류를 감당하기 너무 버거웠기에 실물 대신 쿠폰으로 대체했다. 하지만 쿠폰이 주는 효과는 군침 도는 치즈와 토핑이 가득 올라간 갓 구운 따끈한 피자가 문 앞에

배송되는 것과 비할 바가 못 되었다. 당장 오늘 저녁 피자를 먹는다는 기대감과 언젠가 피자를 시켜 먹을 수 있다는 기대감이 주는 만족도도 다르다. 하지만 피자 쿠폰은 30달러 보너스와는 전혀 다른 형태의 인센티브였기에 테스트할 가치가 있었다.

여기서 끝이 아니었다. 우리는 또 다른 조건을 제안했다. 이번에는 실질적인 형태의 보상이 아니었다. 이번 보너스는 상사로부터 받는 "고생 많았습니다! 잘해주었어요!"라는 문자 메시지였다. 그간 많은 아이디어를 제시해 봤지만, HR

조건	내용
금전적 보상	이 조건에 속한 직원들은 휴가를 끝내고 돌아온 첫날 상사로부터 다음 메시지를 받는다. "안녕하세요. 오늘의 생산 목표량을 달성하면 100세켈을 드립니다. 수고하세요!"
피자 쿠폰	이 조건에서는 이런 메시지를 받게 된다. "안녕하세요. 오늘의 목표량을 달성하면 피자 쿠폰을 드립니다. 수고하세요!"
칭찬	이 조건에서는 이런 메시지를 받게 된다. "생산 목표량을 달성하신 분에게는 '고생 많았습니다, 잘해주었어요!'라는 상사의 격려 메시지를 보내드립니다."
대조군	이 조건의 노동자들은 아무런 메시지나 보너스를 받지 않는다.

담당자들이 듣자마자 바로 동의한 아이디어는 이게 처음이었다. 정리하자면 실험 조건은 총 네 가지였다.

진정한 동기 유발 요인은 무엇인가?

실험 결과를 공개하기 전에 잠시 먼저 예측해보자. 직원들의 성과는 아무것도 없을 때보다 돈이든 피자든 가시적인 보상이 약속될 때 더 향상되었을까? 그렇다면, 둘 중 어떤 것이 최고의 성과로 이어졌을까? "잘 해주었어요!"라는 상사의 칭찬은 어느 정도의 동기 유발 효과를 만들었을까? 혹시 맨입으로 일만 더 시키려 한다는 생각을 하게 만들어 도리어 역효과가 나지는 않았을까?

우리는 HR 담당자들에게도 1일 차의 직원 성과 수준을 예측해보게 했다. 그들은 현금, 피자, 칭찬, 대조군 순으로 높은 성과를 보일 거라 예상했다.

담당자들의 예측대로 꼴찌는 아무것도 받지 않은 대조군이었다. 그리고 현금, 피자, 칭찬 조건은 모두 어느 정도 동기 유발 효과를 보였다. 그러나 반전이 기다리고 있었다. 세 가지 중 가장 적은 상승효과를 보인 건 현금 조건이었다. 피자 쿠폰 조건과 칭찬 조건의 작업 생산성 상승효과는 6.7%, 6.6%로 거의 비슷했으나, 놀랍게도 현금의 상승효과는 4.9%에 그쳤다.

돈이 가장 낮은 효과를 보였다는 사실을 제외하면 1일 차의 결과는 예상할만한 것이었다. 어떤 형태든 인센티브는 있는 게 나았다. 그리고 사용된 인센티브 형태(돈, 피자, 칭찬)에 따른 차이가 아주 크지는 않았다. 그러나 이 분석은 1일 차에 한정된 결과다. 근무 2, 3, 4일 차는 어땠을까? 보너스의 효과가 성과에 누적되어 나타날까?

흥미로운 건 이제부터다. 2일 차에는 현금 보상을 받은 집단의 성과가 아무것도 받지 않은 대조군보다 13.2%나 저조했다. 마치 이런 마음인 것 같았다. '어제는 추가로 돈을 받기 위해 열심히 일했지만, 오늘은 더 주는 것도 없으니 대충하지 뭐.' 3일 차에도 현금 보상 집단의 성과는 대조군보다 6.2% 낮았다. 4일 차가 되자 상황이 조금 나아져 대조군보다 2.9% 낮은 수준에 그쳤다. 현금 보상 집단은 근무 주간 동안 기본 보수와 보너스까지 더해 가장 많은 돈을 받아갔지만, 아무 인센티브도 받지 않은 대조군에 비해 성과는 오히려 평균 6.5% 떨어졌다.

칭찬과 피자를 받은 집단의 결과는 어땠을까? 앞서 말했듯이, 칭찬 집단의 첫날 성과는 6.6% 상승했다. 이후 3일간은 서서히 성과가 하락해 대조군과 비슷한 성과를 기록했다. 그렇다면 피자 집단은? 이들은 현금 집단보다는 높고, 칭찬 집단보다는 낮은 성과를 기록했다. 만약 바삭한 크러스트에 치즈 녹는 냄새가 진동하는 진짜 피자를 제공했다면 칭찬 집단과 비슷하거나 심지어 더 높은 효과가 나오지 않았을까 싶다. 회사에서 직접 피자를 배달했다면 직원들은 훨씬 더 기뻐했을 것이다. 그러나 만약 인텔이 직원들에게 피자 쿠폰의 금액을 언급하면서 그것을 마치 직원들의 노력과 거래하듯 제공한다면, 동기 유발 효과는 현금 보상과 비슷해질 것이다.

THE DAY AFTER
A COMPLIMENT:

칭찬을 받은 다음 날

THE DAY AFTER
A CASH BONUS:

현금 보상을 받은 다음 날
'굳이? 이제 더 나올 돈도 없는데 뭐.'

그럼, 간부들이 받는 보너스는요?

이 놀라운 실험이 끝난 뒤 우리는 인텔 최고 경영진에게 우리가 발견한 결과를 말해주었다. "여러분, 금전적 보상을 약속하면 높은 성과가 따라올 것으로 예상하셨겠지만, 실제 데이터를 보세요. 오히려 성과는 떨어졌습니다. 이건 결국 성과를 떨어뜨리려고 보너스를 준 셈이지요. 보너스에 대한 예상은 빗나갔습니다. 최고 경영진이 받는 높은 보너스를 포함해 현금 보상의 영향을 전사적으로 조사해보았으면 하는데, 어떠십니까?" 짐작할 수 있겠지만, 가장 높은 수준의 보너스를 받고 있을 경영진은 우리의 제안에 전혀 관심을 보이지 않았다.

본질적 동기의 간과

인텔 실험을 통해 우리는 중요한 것을 한 가지 배웠다. 돈, 칭찬 등 여러 형태의 동기 유발 요인이 있으나, 이것들이 모두 같은 효과를 끌어내지는 않는다는 점이다. 예컨대 돈을 동기 유발 방정식에 추가할 경우 역효과가 날 수 있으며, 오히려 동기 유발 효과는 떨어질 수 있다.

우리는 보통 보상을 많이 할수록 더 많은 성과가 나올 것으로 생각한다. 사람들이 보상(돈)만을 위해 일한다고 생각하기 때문이다. 게다가 강도 높은 육체노동이나 반복 작업이 많은 업무라면 더더욱 창의적인 보상 체계는 필요하지 않다고 추측한다. 그러나 노동 집약적인 반도체 공장의 실험 사례에서 가장 높은 생산성을 보인 건 칭찬을 보상으로 받은 집단이었다. 전통적인 방식으로 돈을 보상으로 받은 집단은 오히려 어떤 집단보다 더 낮은 생산성을 보였다.

게다가 현금 집단의 생산성은 급격히 하락했지만, 칭찬 집단은 보너스를 받지 않는 날에도 높은 몰입도와 성과를 보였다. 이런 결과를 볼 때, 사람들에게 일이란 노동의 대가로 돈을 받는 행위 그 이상임을 이해할 수 있다.

생각을 좀 더 확장해보자. 통설과 달리 사람들은 일조차 거래로 생각하지 않는다. 따라서 기업의 관리자들은 인센티브의 즉각적인 영향뿐 아니라 그것이 장기적으로 가져올 지속적인 효과까지도 염두에 두어야 한다. 직원들에게 의미와 연대를 느낄 기회를 더 많이 제공할수록 그들은 더 열심히 일하고 애사심을 키울 것이다.

평생 다양한 종류의 일을 하고 살면서도 우리는 왜 돈이 우리에게 미치는 영향을 정확히 이해하고 예측하지 못할까. 거의 평생을 돈을 쓰고 벌면서도 왜 그렇게 무지한 걸까.

시카고대학교의 케이틀린 울리와 에일렛 피시바흐는 내적 요인(순전히 좋아서 무언가를 하고자 하는 마음)과 외적 요인(보상)이 각각 사람들에게 어떤 영향을 미치는지 측정하는 흥미로운 연구를 했다.[12] 두 사람은 헬스장에서 경험 자체(기분 좋은 가슴 뜀 등)와 관련된 내적 동기와 성과(운동으로 인한 건강 증진 등)와 관련된 외적 동기를 비교하는 실험을 해보았다.

두 사람은 헬스장에서 경험 자체와 관련된 내적 동기와 성과와 관련된 외적 동기를 비교하는 실험을 해보았다.

이들이 발견한 사실을 통해 우리는 우리가 매일 벌고 쓰는 돈에 이토록 무지한 이유가 무엇인지 이해할 수 있다. 헬스장에서의 실험 결과, 사람들은 특정 활동을 하는 그 순간에는 내적 요소를 가장 중요하게 생각했다. 즉 운동하는 순간에는 러닝머신 위를 뛰거나 스트레칭을 하며 얻는 긍정적인 경험 자체(이를테면 기분 좋은 가슴 뜀)를 중시했다. 반면 헬스장에 갈 계획을 세울 때는 운동 자체의 개운함보다는 주로 살이 얼마나 빠진다거나, 당 수치가 얼마나 내려간다거나 하는 외적 요소에 집중했다.

간단히 말해, 우리는 어떤 일을 하는 순간에는 그것의 본질적 즐거움에 집중한다. 그러나 같은 일이라도 미리 계획을 세울 때는 보수나 결과물 같은 외적 동기 요인에 집중한다. 그래서 우리는 우리의 의욕을 북돋우거나 반대로 저해하는 요인이 무엇일지 제대로 예측하는 데 실패하게 된다. 이렇게 우리는 결과를 앞서 (잘못) 계산하며 놓치는 것들이 많을 것이다. 대학을 갓 졸업한 사회 초년생은 꿈꿔오던 재즈 뮤지션이 되기보다는 급여가 높은 은행에 취직하려 할 것이다. 은행에 취직하면 원하는 물건을 더 많이 사고 더 좋은 집을 살 수도 있을 것이다. 그러나 두 가지 방향을 곰곰이 생각해보라. 일(현재)의 본질적 즐거움을 외면한 채 외적 동기만을 과대평가하는 게 아닐까?

지갑을 꺼내지 말아야 할 때

동기라는 것은 사회 혹은 관계의 규범에 따라 긍정적 또는 부정적 영향을 받는다. 반도체 공장에서 실시했던 우리 연구팀의 실험에서 현금 보상은 시장의 규범(노동과 돈의 맞교환)을 반영한 것이었고 여기에 직원에 대한 배려나 선의의 여지는 거의 없었다. '고생 많았습니다, 잘해주었어요!'라는 말로 건넸던 보상은 감사, 상호적 노사관계에 관한 규범을 따른 것이다. 그리고 그 중간에 피자 쿠폰이 있다. 쿠폰은 어느 정도의 현금성도 가지면서 연대감과 감사의 뜻도 전달하는 선물과 같은 역할을 했다.

나의 또 다른 책《상식 밖의 경제학Predictably Irrational》에서 나는 돈이 미치는 부정적 영향을 보여주기 위해 다음 사례들을 들었다(이미 이 사례를 알고 있는 독자들께는 양해를 바란다).[13]

추수감사절 만찬을 위해 아내의 집에 간 당신. 아내의 어머니와 아버지는 사위가 온다고 상다리가 휘어지게 음식을 차려놨다. 칠면조는 노릇하게 구워졌고 다른 요리들도 전부 당신이 좋아하는 것들이다. 마시멜로가 잔뜩 얹혀있는 고구

마를 보고 아이들도 신이 났다. 아내도 달콤한 호박파이를 디저트로 먹고 한껏 좋은 기분을 즐기고 있었다.

만찬은 늦게까지 계속되었다. 배불리 먹고 와인도 한잔 한다. 그러다 당신은 고생하신 아내의 부모님을 감사한 마음으로 바라보다가 벌떡 일어나 지갑을 꺼낸다. "어머님, 아버님, 이렇게 애써주셨는데, 얼마를 드리면 될까요?"라고 진심으로 묻는다. 갑자기 좌중은 조용해지고, 당신은 지폐 한 다발을 꺼내 흔든다. "300달러면 될까요? 아니지, 400은 드려야죠!"

이건 노먼 록웰(활동 초기에 건전하고 이상적인 미국적 생활상을 그렸던 미국의 화가)이 20세기 중산층 생활 모습으로 그릴 만한 상황이 아니다. 당신의 말을 듣고 충격을 받은 누군가가 와인잔을 쨍그랑 소리를 내며 떨어뜨린다. 어머님은 얼굴이 벌겋게 달아올라 일어나고 조카는 당신을 화난 얼굴로 쏘아본다. 내년 추수감사절은 TV 앞에서 냉동식품으로 때우게 될 운명이다.

이 예를 통해 우리는 타인의 배려를 돈으로 응수하거나 보상하려 하는 일이 상황에 돈을 더하는 일이 얼마나 그 상황과 거기에 담긴 선의를 파괴하는지 잘 이해할 수 있다. 이번에는 남녀의 데이트를 예로 들어보자. 만난 지 얼마 안 된 두 사람은 같이 식사를 하고 영화도 보고 술도 한잔하며 좋은 시간을 보냈다. 데이트가 끝나고 여자의 집까지 함께 오면서 두 사람은 문 앞에서 나눌 굿나잇 키스를 기대하며 들뜬다. 그런데 문득, 남자가 별일 아니란 투로 오늘 데이트 비용을 자신이 얼마나 더 많이 냈는지 이야기한다. 남자의 데이트는 잘 풀릴까? 꼭 해보지 않아도 결과가 뻔히 보이는 실험이 있는데, 바로 이런 경우다. 낭만적인 관계에 동기 유발 요인으로 돈을 더하는 순간, 관계는 흙빛으로 변한다.

관계의 힘

복잡한 동기 방정식을 이해하려면 먼저 직장이 제로섬 게임을 하는 곳이 아님을 이해해야 한다. 내가 어떤 제품을 만드는 공장의 사장이고 여러분은 직원이라고 생각해보자. 제품 단가는 3달러다. 하나를 만들 때마다 여러분은 1달러를 받고 회사는 2달러를 번다(그중 사장 겸 CEO인 내 몫이 상당할 것이다). 제품을 많이 만들수록 여러분이 받는 돈도 더 많아지고 회사의 수입(특히 내 수입)도 더 많아질 것이다. 그러나 이때 직원에게 보수를 더 적게 준다면(예를 들어 25센트) 사장의 몫은 더 많아진다. 보통 직장에 대해 우리는 이런 식으로 생각한다. 가져갈 수 있는 파이, 즉 우리가 가져갈 수 있는 돈은 고정되어 있고, 한쪽이 많이 가져가면 다른 쪽은 더 적게 가져갈 수밖에 없으므로 노사 갈등은 필연적이라고 말이다.

하지만 인간관계는 이와 정반대로 인식한다. 우리는 친밀한 관계를 고정된 파이로 생각하지 않는다. 오히려 파이의 크기는 점점 더 커진다. 부모, 배우자, 자식에게 사랑을 받을 때 그만큼 내가 줄 사랑은 줄어든다고 생각하는 사람은 아무도 없다. 오히려 투자를 적게 할 때 관계의 연대감은 약해지고 보상도 줄어든다. 반대로 투자를 하면 할수록 관계는 더 강해진다. 이 관계의 동기 방정식에서 사랑이라는 인센티브는 차곡차곡 누적된다. 굳건한 인간관계에서 개인들은 서로서로 지지하여 모두가 이기게 된다.

한정된 파이를 나누려고 경쟁하는 게 아니라 오히려 파이 자체를 확장하려는 태도는 어디에서나 필요하다. 이는 곧 직장에서도 돈 외에 다른 형태의 인센티브를 도입할 필요가 있음을 시사한다. 일의 의미와 연대를 강화할 수 있는 요소를 인센티브로 도입해 동기를 유발해야 한다. 왜냐하면 서로 연대하고 몰입하고 도전할 때, 신뢰와 자율성을 부여받았다고 생각할 때, 노력에 대해 인정받을 때 사람들의 의욕과 즐거움, 성과의 총량은 훨씬 더 커진다.

사실 파이 확장 조건을 만드는 일 자체는 어렵지 않다. 다 함께 하는 분위기를 조성하는 것만으로도 직장 내 동기 유발은 가능하다. 와튼스쿨의 시갈 바르세이드 교수는 이를 잘 보여주는 실험을 진행했다. 그녀는 학생들을 여러 소집단으로 나누고, 가상의 위원회 역할을 하게 했다.[14] 위원회는 직원들의 연봉을 책정하고, 어떤 직원의 급여를 인상할지 토의를 통해 정해야 했다. 각 소집단에는 어느 정도의 결정권을 갖는 '조력자'가 한 명씩 배정됐는데, 사실 이 조력자는 시갈 교수가 심어놓은 배우였다. 배우들은 배정된 집단마다 다른 스타일의 조력자를 연기했다. A 집단의 조력자는 열정적인 리더였다. B 집단의 조력자는 온화하고 차분하게 팀을 이끌었다. C 집단의 조력자는 강압적이고 불같은 성질의 리더였고, D 집단의 조력자는 우울하고 무기력한 태도로 임했다. 조력자의 분위기에 따라 다른 결과가 나타났을까? 조력자가 열정적이거나 온화했던 A와 B 집단은 부정적인 태도를 보였던 C와 D 집단보다 현명한 해결책을 더 많이 끌어냈고, 팀원 간 충돌도 적었으며, 직원들의 급여 인상 또한 공정한 과정을 통해 결정했다.

그런데 이번에도 우리의 직관과 빗나가는 발견이 남아 있었다. 시갈 교수는 실험이 끝난 뒤 학생들에게 그들의 팀이 내린 선택에 대해 질문했다. 그런데 학생들은 집단 역학을 의사 결정의 주요 인자로 인식하지 못했다. 그들은 긍정적인 사회적 힘이 주는 효과를 알지 못했고, 부정적인 사회적 힘에 노출될 때 얼마나 큰 악영향을 받게 되는지도 알지 못했다. 여기서 우리가 도출할 수 있는 유익한 생각은 이것이다. 우리는 친구와 동료, 우리 자신을 도울 수 있다. 사랑과 관심이 사람들에게 미치는 영향이 얼마나 큰지 깨닫기만 하면 된다.

장기적인 관계의 기쁨

타인과 관계를 성립하기 위해서는 얼마나 긴 시간이 할까? 사람들은 얼마나 오랫동안 연결을 지속해야 그 관계에 동기를 부여하게 될까? 아침에 사랑하는 사람과 나란히 누워 눈 뜨는 것을 상상해 보라. 기지개를 켜며 이렇게 말한다. "자기야, 우리 오늘 하루 더 사랑하기로 할까?" 그러면 연인도 "그래"라고 답한다. 둘은 일어나 샤워를 하고 출근하고 퇴근 후에는 같이 저녁을 먹고 사랑을 나누고 잠자리에 들고 다음 날 아침에 눈을 뜬다. 그리고 똑같은 질문을 되풀이한다. 이런 식으로 매일 사랑을 갱신하며 산다면, 이 관계의 투자 전망은 어떨 것이라 생각하는가? 장래가 그다지 밝지는 않을 것이다. 혼인 서약을 할 때 부부는 '기쁠 때나 슬플 때나, 부유할 때나 가난할 때나, 아플 때나 건강할 때나' 함께하기로 한다. 하루나 일주일, 한 달, 일 년 단위로 맹세하지 않고, 검은 머리 파뿌리 될 때까지 백년해로를 약속하는 것이다.

아니면 당신이 미드타운 맨해튼에 센트럴 파크가 보이는 근사한 아파트를 장만했다고 생각해보자. 아침에 눈을 뜨면 창으로 햇살이 쏟아져 들어오고, 향긋한 모닝커피 한 잔을 마시며 이렇게 생각한다. '이 근사한 아파트에 하루 더 살까?' 매일 이런 생각을 해야 한다면 굳이 욕실 페인트칠을 하고 몰딩을 수리하고 가구나 식물에 투자하지도 않을 것이다. 차라리 호텔에 사는 게 속이 편할 것이다.

그러니까 핵심은 이것이다. 좋은 관계란 거래가 아니고 거래 비슷한 것도 아니다. 좋은 관계란 거래의 대척점에서 거래와는 정반대로 작동한다. 관계에 대한 우리의 욕구는 장기적 관점에 근거한다. 연인, 상사나 동료, 아파트 등 대상이 무엇이든 우리는 단기적 관계에는 굳이 에너지를 쏟으려 하지 않는다. 하지만 장기적인 관계에는 더 많은 사랑, 신뢰, 에너지와 시간을 쏟고자 하는 동기가 생긴다. 이런 투자 개념이 바로 성혼 서약의 밑바탕이 되며, 직장에서는 애사심과 충성의 근간이 되기도 한다. 직업의 세계에서 대학과 교수 관계보다 더 좋은 것은 없을 것이다. 대학은 교수에게 종신직을 제공하고, 교수는 대학을 깊이 신뢰하고 장기적인 관점을 가지게 되기 때문이다.

그렇다면 종신 고용 제도가 없는 많은 기업은 어떻게 직원과의 상호 충성과 신뢰를 구축할 수 있을까? 장기적 헌신을 가능하게 하는 방법은 많다. 직원 교육에 투자하고, 의료 보험 혜택을 제공함으로써 건강한 미래에 대한 서로의 약속을 확인할 수 있다. 직장 안팎의 직원 웰빙과 자기 계발 활동에 투자하고, 승진과 회사 내에서의 발전 기회를 제공하는 등의 방법도 있다. 결혼한다고 모두가 백년해로하지는 않듯 이런 활동 자체만으로 훌륭한 직원들의 장기 고용이 보장되지는 않는다. 그러나 그들이 헌신하는 기간을 연장하는 역할은 분명히 해낼 것이다.

마르크스부터 스미스까지

현대 사회에서 노동이 갖는 의미를 일찍이 고민했던 사상가 카를 마르크스. 1844년, 마르크스는 대기업의 작은 부서에서 하위 업무를 맡은 직원에게 나타나는 '노동의 소외'에 대해 쓴 적이 있다. 애덤 스미스의 핀 공장 노동자가 자기가 만드는 제품이 무엇인지 모르던 것처럼 현대 사회의 많은 직장인은 기업 전체에서 자신이 맡은 일이 어느 부분인지 파악하기 어렵다. 자신이 만든 제품을 누가 쓰는지 분명하지 않고 조직, 업무, 최종 사용자 혹은 결과물과 연관성을 찾기도 쉽지 않다.

생산성에 대해 애덤 스미스와 카를 마르크스가 가진 생각이 매우 달랐다는 점은 분명하다. 스미스는 관리를 통해 동기를 저해하지 않고도 직장 구조를 바꾸고 효율성을 높일 수 있다고 가정했다. 반면에 마르크스는 분업을 통해 효율성을 높이는 것은 동기를 저해하는 역효과를 낳는다고 보았다. 어떤 견해가 옳을까?

심오한 철학적 논쟁이 보통 그렇듯 각자의 일리가 있다. 분업이 효율성을 높인다는 것만은 분명하다. 그러나 많은 행동경제학 연구자들이 밝혀냈듯이, 직원들이 그들의 일에 더 깊은 의미와 관심을 쏟으며 서로 연대감을 느낄 때, 고용주와 직원들 모두 일의 완성도와 생산성이라는 실질적인 혜택을 얻게 된다. 사기가 진작되는 것은 덤이다.

마르크스와 스미스의 관점 모두 중요한 진실을 포함하고 있지만, 나는 지식 기반 경제가 점점 심화되는 오늘날 마르크스의 관점으로 조직을 설계할 필요가 점점 더 높아진다고 생각한다. 지식 경제에서 직장은 직원들의 신뢰와 선의, 몰입도에 크게 의존하게 된다. 또한, 조직 내 개인의 자율성이 중요해질수록 애사심을 강화할 필요성도 커진다.

나와 듀크대학교는 함께 파이를 키워나가는 관계라고 생각한다. 대학교수 겸 연구자인 나는 일이 곧 나의 정체성이자 취미이자 삶이다. 재채기할 때나 오르가슴을 느낄 때 외에 나는 끊임없이 인간 본성에 대해 생각한다. 우리 자신에 대해 우리가 아는 것과 그렇지 못한 것은 무엇인지, 발전을 만들 수 있는 방법은 무엇인지, 인간의 행동을 밝혀줄 새롭고 더 재미있는 실험은 무엇이 있을지를 말이다.

나는 현재의 삶을 사랑한다. 교수를 관두면 무얼 할 수 있을지 상상도 되지 않는다. 나의 고용주인 대학의 혜택은 분명하다. 듀크대학은 대학의 사명을 진작시킬 의욕에 가득 찬 헌신적인 직원을 확보했으니까. 그리고 나의 혜택 역시 분명하다. 나는 학교 가는 것이 즐겁고, 학생 그리고 동료들과 함께 하는 것이 즐겁고, 연구 결과가 정말로 자랑스럽고, 나의 통찰력이 실제로 적용되었을 때는 특히 더 기쁘다.

내가 하는 일이 우리 삶의 방식에 장기적인 영향을 미칠 수 있다는 것은 연구자가 얻을 수 있는 최고의 보람이다.

나는 마르크스주의자가 아니지만, 이것만은 말할 수 있다. 노동이 가지는 더 큰 의미를 파악하지 못 하면, 우리는 현대판 핀 공장 노동자로 전락하고 만다. 의미를 중심으로 돌아가는 직장을 개발하기는 쉽지 않다. 하위 조직, 부서, 업무 특성 등을 기준으로 분리된 현재의 효율 중심 모델보다는 확실히 더 개발하기 어렵고 복잡할 것이다. 그러나 지식 노동과 창의성이 효율성보다 훨씬 더 중시되는 우리 시대에 소외, 연결성, 통제에 대한 마르크스의 시각은 현대 조직의 DNA에 더 확실히 각인되어야 한다. 동기 부여에 관한 우리의 연구에서 얻은 교훈은 분명하다. 우리가 하는 일에 의미 있게 몰입할 때, 우리의 행복과 생산성은 커진다. 아무도 지지 않고, 모두가 이기는 방법인 것이다.

선의의 가치

모든 업무를 두 가지 측면으로 인식할 수 있다고 생각해 보자. 하나는 구체적이고 정의하기 쉽고 측정 가능한 요소(생산된 핀의 수, 판매된 제품의 수 등)로 구성된 '가산 측면'이며, 다른 하나는 정의와 측정이 모두 어려운 요소(프로세스 개선, 남을 돕기, 기발한 아이디어 내기 등)로 구성된 '불가산 측면'이다.

조직이 보상 체계를 수립하고자 할 때 가장 먼저 하는 실수는 스미스의 핀 공장 원칙 추종자들처럼 가산 측면을 과대평가하는 것이다. 그들은 쉽게 측정할 수 있는 것에만 매몰되어 정말 중요한 것을 놓치고 만다. 가산 측면을 과대평가하는 바람에 불가산 측면에 투입해야 할 관심과 노력이 분산되고 만다.

관리자들이 종종 범하는 두 번째 실수는 일의 불가산 측면을 쉽게 셀 수 있는 것처럼 다루는 것이다. 노동을 숫자 단위로 만들어 깎아내리고 단순화하면 동기 유발의 본질 자체를 완전히 놓치게 된다. 일의 완성도보다 관련 보고서를 몇 개 작성했는지가 평가의 기준이 된 적이 얼마나 많았던가?

내가 직접 겪은 사례도 있다. 듀크대학교의 교수가 되기 전에 나는 MIT에 재직했다. MIT의 교원 평가는 점수제로 운영됐다. 교수들은 강의 시간, 수강생의 수, 학생들이 공부한 시간, 전반적인 수업량 등을 합산해 총 112점을 채워야 했다. 결과론적으로 말하면, 나는 그 시스템의 허점을 이용해 연구에 집중했다. 사실 나는 이 분야에 통달했기 때문에 1년에 내가 하는 수업은 3시간짜리 큰 강의 하나였다(1년에 총 36시간 강의만 맞추면 되었다).

안타깝게도 나는 가르치는 걸 좋아한다. 내 수업을 좋아하는 학생들도 있었다. 문제는 그런 평가 시스템의 존재였다. 시스템 때문에 나는 강의 시간을 최소화하고 최대한 적게 가르칠 궁리를 할 수밖에 없었다.

MIT 인센티브 시스템 고안자들의 순수한 의도에도 불구하고, 교수 점수제는 기본적인 신뢰와 선의라는 불가산 측면의 가장 중요한 요소를 거세해 버린 꼴이 됐다. 아기 때부터 우리는 부모를 비롯한 다른 사람들에게 신뢰와 선의를 주면 줄수록 더 많이 얻는다는 것을 배운다. 우리가 미소를 지으면 그들도 미소를 짓는다. 눅눅해진 과자일지라도 나눠

주면 바삭한 과자를 얻는다. 어른이 되어 '신용' 카드로 물건을 구매하면 채권자는 대금 결제일을 미뤄주고 그 대가로 우리는 카드 대금을 결제한다. 이런 상호성은 건강한 사회의 근간이 된다.

신뢰와 선의의 교환은 인간 동기의 가장 중요하고 내재적인 부분이다. 우리 삶에서 신뢰가 맡는 역할을 생각해보라. 매일의 일상에도 신뢰가 빠지지 않는다. 직장 동료가 내 물건을 훔치지 않을 것이며 내 개인정보를 존중할 거라 믿고, 구내식당 직원들은 우리가 먹을 음식을 좋은 재료로 신선하게 만들기 위해 애쓸 것이라고 믿는다. 우리는 베이비시터가 아이를 잘 돌볼 거라고 믿는다. 이웃이 내 우편물을 훔쳐 가거나 우리 집에 침입하거나 우리 집 개를 죽이지 않을 거라고 믿는다. 신뢰가 없는 사회는 사회가 아니다. 서로를 두려워하는 사람들이 모여 있는 곳일 뿐이다.

신뢰와 선의는 우리로 하여금 정해진 직무 범위를 벗어나 초과 성과를 달성하고 혁신하게 만든다. 요리에 빗대어보자면, 선의는 평범한 요리를 특별하고 풍미 가득하게 만들어주는 비법 소스라고 할 수 있다. 당신의 일에 대해 잠깐만 생각해보라. 늦게까지 남아 야근했던 때, 휴가지에서도 이메일에 답했던 때, 나와 상관없는 프로젝트를 하는 동료를 도왔던 때, 혹은 주말에도 일 생각을 했을 때 무엇이 당신을 추동했는가. 의욕이 솟았던 경우는 당신이 기대와 신뢰를 받고 있을 때, 혹은 선의를 베풀고자 할 때였을 것이다.

안타깝게도 신뢰와 선의를 깨는 손쉬운 방법이 많다. 가장 간단한 것은 성과에 대한 직접적인 현금 보상이다. 예컨대 당신이 한 회사의 사원으로 일하고 있는데, 회사의 대표가 프로젝트 마감일을 더 당길 수 있게 주 3회 야근을 요청한다고 생각해보자. 당신은 주말에도 가족과 단란한 시간을 보내지 못하고 주중에는 카페인에 연명해 야근을 이어가야 한다. 감사의 뜻으로 대표는 두 가지 중 하나를 보상으로 제공한다. 첫 번째는 진심 어린 감사의 표현이다. 직원들의 기여를 인정하고 그에 대한 감사를 전한 뒤 고생한 직원들을 저녁 식사에 초대한다. 두 번째는 회사 순이익에 대한 직원들의 기여도를 대표 나름의 기준으로 계산하고, 그 금액의 몇 퍼센트에 해당하는 돈을 보너스로 주는 것이다. 둘 중 어떤 시나리오가 현재는 물론이고 앞으로도 회사와 대표에 대

HOW MONETARY INCENTIVES WORK:

금전적 보상
25센트에 5초간 작동

마음이 움직이는 순간들

HOW NONMONETARY
INCENTIVES WORK:

비금전적 보상
즐기기만 하면 계속 작동

한 직원들의 신뢰와 선의를 극대화하는 방향일까? 다음 프로젝트에서도 적극적으로 일할 의욕이 샘솟게 하려면 직원들에게 어떤 보상을 주어야 할까?

인텔에서 진행했던 실험에서 칭찬 집단이 냈던 성과나 다른 많은 실험에서 확인할 수 있었듯, 감사와 인정, 돈이 아닌 마음을 담은 형태의 보상은 직원들의 현재와 미래의 성과를 변화시킨다. 물론 현금 보상이 꼭 필요할 때도 있고, 직원들도 고마워할 수 있다. 그러나 보상과 인정이 오직 돈의 형태로만 주어질 때, 그들에게 다음번 마감일을 앞당겨 달라고 부탁한다면 이런 반응이 돌아올 것이다. "이번엔 얼마 주실 건가요?"

변호사 죽이기[15]

신뢰와 선의 이야기가 나온 김에, 법률 계약서를 한번 살펴보자. 계약서는 우리 생활에 없어서는 안 되지만 작성 과정에서 사용되는 표현과 용어는 신뢰와 선의를 쉽게 깨뜨릴 수 있다.

얼마 전 나는 다양한 공급업체와 여러 사업을 하는 큰 기업을 찾은 적이 있었다. 이 기업의 창립자인 여성 대표는 창립 초기에 공급업체를 직접 만나 악수로 계약을 확정했다. 그러다 회사가 성장하면서 변호사가 등장했고 공식적인 계약서를 작성하기 시작했다. 변호사들은 제품 내 알레르기 유발 요인 또는 독성 발견, 화재, 저장 중 변색 등 가능성이 낮은 모든 위험에도 대비하려 했다. 이러한 잠재적인 위험은 계약 전 반드시 논의해야 할 사항이다. 그러나 변호사들이 이를 계약의 명시적인 항목으로 포함할 것을 주장하자, 이는 마치 공급업체가 무능력하다거나 제대로 일 처리를 하지 않았다고 비난하는 것 같은 인상을 주었다. 물론 모든 종류의 가능성에 대비하는 것이 변호사의 할 일이기는 하지만, 계약서를 작성함으로써 계약에 따르는 선의까지도 모두 파괴되는 결과를 낳고 말았다. 회사의 창립자들은 공급업체들과 이런 논의(라고는 하지만 사실 협박에 가까운)의 시간을 가진 뒤 관계가 손상되었다고 토로했다. 회사가 원래 계약에 포함된 것 이상을 원한다면(납품 시한 단축이나 수량 변경 등) 공급업체는 맞춰주지 않거나 비용을 더 청구할 기회로 삼을 거라는 거였다. 난해한 법률 용어를 구사하며 계약을 한 덕분에 회사는 가능성 낮은 위험을 방지하고 대신 신뢰와 선의를 잃게 되었다.

이런 법적 난투는 직장에만 있는 것이 아니다. 내게 '앤'이라는 이름의 친구가 있다고 가정해 보자. 옆집에는 '롭'이라는 게이 친구가 살고 있다. 둘 다 30대 후반으로 맨해튼의 싱글 라이프를 즐기고 있다. 번듯한 직장에 다니며 남부러울 것 없는 두 사람은 결혼은 원하지 않았지만, 아이는 원했다.

앤과 롭은 가정을 함께 꾸리면서도 서로 독립은 유지하는, 간단하면서도 교묘한 계획을 생각해냈다. 지금처럼 계속 좋은 친구로 지내되, 시험관 시술로 함께 아이를 갖는 거였다. 둘은 원래도 오랜 시간 산책하는 사이였으며 함께 식사하는 것도 즐겼다. 거기에 귀여운 아이까지 함께 가진다면 둘의 우정은 더 오래, 더 강하게 지속되리라 예상했다. 아이는 가지되 서로의 독립은 지킨다니, 결혼생활과 싱글 라이프의 장점만을 쏙 뽑아낸 기발한 아이디어 같았다.

앤과 롭은 이 완벽한 계약을 이행하려 했다. 그들은 일주

일에 며칠씩 나눠 아이를 돌보고 그 외의 시간은 각자의 삶을 살기로 했다. 당연히 연애도 자유롭게 하되 한 아이의 부모로서 서로에 대한 사랑과 애틋함은 여전히 가진다. 둘은 적어도 아이가 어릴 때까지는 옆집에 살기로 했다. 아이는 따뜻한 두 가정을 갖게 될 것이었다. 막상 결혼하고 함께 살아보면 기대와 다른 모습에 당황할 수 있지만, 앤과 롭은 독립적 부모로서 가정을 꾸릴 테니 염려할 게 없을 터였다.

"훨씬 더 낫지 않나요?"라고 내게 앤이 물었다. "아이가 부모가 불화하는 모습을 보며 자라는 것보다는 아예 건강하고 독립적인 두 가정에서 자라는 게 말이죠." 앤과 롭은 결혼이라는 제도 자체에 회의적이었다. 지금보다 더 계몽된 시대가 오면 모든 사람이 가족 구조에 대해 자신들처럼 접근할 것으로 생각했다.

시험관 시술 준비를 하던 두 사람은 가정 전문 변호사에게 그들의 합의가 법적으로 얼마나 유효한지 확인부터 해보라는 권유를 받았다. 변호사는 두 사람에게 어린 시절, 가족, 현재 생활, 일, 취미, 수입 등에 관한 질문을 했다. 그런 다음 그들이 가족으로서 직면하게 될 딜레마를 말해주었다. 예를 들어 한 사람이 아프거나 데이트가 있거나 출장을 가야 해서 급히 아이 보호 날짜를 조정해야 하는 등의 간단한 충돌이 있을 때 어떻게 해결할 것인가? 생각보다 간단한 일이 아닐 수 있겠다는 인식이 들자 그들은 변호사와 함께 이런 가능성을 정리하는 계약서를 작성하려 했다.

변호사는 두 사람에게 더 복잡한 충돌에 대해서도 생각해보라고 했다. 아이를 몇 시에 잠자리에 들게 할지, TV 시청은 얼마나 하게 둘지, 소비나 생활 습관에 대한 의견이 다를 때 어떻게 할 것인지? 한 사람은 아이를 사립학교에 보내려 하는데, 다른 사람은 그걸 원치 않거나 재정적으로 여의치 않다면? 둘 중 하나가 직장에서 승진해 막중한 직책을 맡아 다른 도시나 나라로 이동해야 한다면? 혼자 이동하게 둬야 할까? 아니면 다른 한 사람도 아이와 함께 따라가야 할까?

변호사의 지도로 앤과 롭은 해결책을 도출하려고 노력했다. 여러 사례를 가설로 세우고 마치 실제 같은 강도와 열정으로 방법을 논의했다. 얼마 지나지 않아 둘은 커다란 의견 차이를 발견했고 상대의 완고함에 질려버렸다. 새롭고 이상적인 가족의 부푼 꿈은 멀어져 갔다. 가족은커녕 공허한 미움만 남았고 그 후로 둘은 연락도 끊게 됐다.

　가족을 독립된 개인 간의 계약 관계가 아닌 하나의 공동체로 본다면 앤과 롭의 딜레마를 보는 관점은 매우 달라진다.

　아이에게만이 아니라 서로에게도 헌신하는 장기적 관계에서는 공통의 목표가 생기며, 그에 따른 암묵적인 이해도 생긴다. 상대에게 헌신하는 커플은 미래를 위해 현재를 기꺼이 포기하기도 하고('내가 몇 년간 일 욕심을 좀 미뤄두고 자기를 지원할게') 가족을 위해 내가 원하는 것을 잠시 뒤로 미루기도 한다('나는 이 도시가 좋지만, 우리 가족을 위해서라면 이사하는 편이 낫겠어').

　이 일화를 통해 이해할 수 있는 것은 이것이다. 상대에게 헌신하고 관계를 장기적으로 생각할 때 우리는 가족이 된다. 그리고 그렇게 할 때, 멋진 일이 일어날 수 있다.

선의 조성하기

　가족과 사회, 직장 생활에서 선의는 분명 매우 중요하다. 그러나 직장에서의 선의란 연인 사이나 사회생활에서처럼 중시되는 것 같지 않다. 실제로 직장에서 우리는 선의를 약화시키거나 심한 경우 깨버리는 행위를 종종 하곤 한다. 예컨대 인텔 직원들의 실험을 통해 단기적인 시각에서 현금 보상은 동기를 끌어올리는 데 전혀 효과적이지 못함을 확인할 수 있었다. 기업들은 인간관계의 결정적이고 중요한 핵심을 이해하는 대신 규칙과 처벌 목록을 만들기에 급급하다. 그러나 이렇게 단순한 처벌과 보상방식이 효과를 보일 때는 오직 잠재적 결과가 100% 예측 가능할 때뿐이며, 그마저도 단기적인 효과를 가져온다.

　직장 내에서의 선의, 즉 업무와 회사에 관한 직원들의 기꺼운 태도를 조성하고자 한다면, 기업은 이를 핵심 가치로 삼아야 한다. 캠벨 수프 컴퍼니의 전 CEO였던 더글라스 코넌트는 직원들의 선의를 강화하는 가장 확실한 방법을 알고 활용했던 사람이다. 그는 어떤 직원이 선의의 행동을 했다고 직접 듣거나 제보를 받은 경우, 그 직원에게 감사하다는 손편지를 써서 보냈다. 코넌트가 CEO를 그만둘 때까지 쓴 손편지는 3만 통이 넘는다.[16] 사실 선의를 조성하기란 의지만 있다면 어렵지 않다. 격려의 말과 가끔 건네는 선물, 그리고 진심을 담은 눈빛만 있으면 된다. 그러나 동시에 선의를 방해하는 요소가 아주 많다는 것도 기억하자. 선의는 쉽게 조성할 수 있지만 파괴하기는 그보다 더 쉽다.

4

죽음, 관계 그리고 의미
불멸에 대한 광기 어린 갈망, 그리고 모든 것을 정복하는 사랑

●●●

불멸에 대한 당신의 욕구는 얼마나 강할까? 이를 알기 위해서는 먼저 다음 질문을 곱씹어보아야 한다. 당신이 평생 했던 일과 당신이라는 존재에 대한 기억이 지구상에서 완전히 지워진다고 생각하면 어떤 기분이 드는가? 당신이 쓴 모든 글, 만든 모든 창작물, 다른 사람들이 당신에 대해 가졌던 기억들이 결국 물거품처럼 사라질 거라는 걸 알게 된다면?

어떤 영웅과 성인도 죽음을 피할 수는 없다. 2,100년 전 절세미인으로 이름을 날렸지만, 지금은 미라로 발견된 다이 부인도 마찬가지였다. 미라로 남은 그녀의 피부는 축 늘어져 있다. 팔과 손, 다리는 주름으로 쭈글쭈글하다. 눈은 푹 꺼지고, 관절은 여전히 구부러지긴 하지만, 척추에는 디스크를 앓은 흔적이 보인다. 관상동맥혈전증과 담석도 있었는데, 아마도 고열량 고지방식을 많이 먹었기 때문으로 추정된다.

하지만 죽은 지 2세기가 넘었고 종합병원 같은 몸 상태에도 불구하고 그녀의 미라에는 젊었을 적 미모의 흔적이 남아있다. 손과 발은 잘 다듬어져 있으며 매력적으로 빛났을 광대뼈와 작고 조개 같은 귀가 보인다. 입술 사이로 삐져나온 혀는 꼭 아이스크림을 핥아 먹으려는 듯 익살스러운 느낌마저 든다. 꼭 살아있는 것 같은 흑단 같은 검은 머릿결도 인상적이다. 귀여워 보이는 발가락에는 분홍색 페디큐어를 해주고 싶을 정도다. 신 주이(다이 부인의 이름. 인류학자들은 그녀를 '보톡스 여인'으로도 부른다)의 미라 보존 상태는 놀라울 정도였다. 도대체 어떤 비결이 있기에 그녀는 이토록 생생

한 모습으로 남아있던 걸까?

후작 부인 신 주이는 길고 커다랗고 매서운 눈, 도톰한 입술을 가진 미인이었다.[17] 귀족이던 그녀는 원하는 것은 무엇이든 가지는 호사를 누렸지만, 단조롭고 지루한 생활을 했다. 아름다운 외모와 사치스러움으로 유명했던 다이 부인은 중국 한나라의 마리 앙투아네트였다.[18]

몸을 가꾸는 것 외에 그녀는 무엇을 하며 시간을 보냈을까? 그녀는 근사하게 꾸민 거대한 집에서 다음 생을 구체적으로 준비했다. 다이 부인은 당시로써는 상당히 고령인 50의 나이에 숨을 거뒀다. 사인은 심장병이었다. 시종들은 약산성을 띄는 알 수 없는 붉은 액체로 다이 부인의 시신을 닦았다. 인류학자들의 이야기에 따르면 당시에는 그것이 불멸의 묘약쯤으로 여겨졌을 거라고 한다.

그런 다음 박테리아가 서식할 수 없는 비단 스무 겹으로 시신을 감싸고, 마치 러시아의 마트료시카 인형처럼 그녀를 담을 여러 개의 관 속의 관을 준비했다. 마지막으로 그녀가 살던 곳으로부터 1,000킬로미터도 넘게 떨어진 곳에서 공수한 특수목으로 거대한 관을 만들어 마무리했다.

신 주이는 1971년 거대한 석관이 있는 방의 약 15미터 아래쪽에서 발견되었다. 그녀의 관 위로는 5톤에 달하는 숯과 흙이 덮여있었기에 묘지는 진공 상태를 효과적으로 유지하고 있었다. 전 세계에서 보존 상태가 가장 좋은 미라가 되었으니, 다이 부인의 불멸은 어느 정도 달성된 셈이다. 그녀의 뇌를 비롯한 장기들은 손상 없이 보존되어 있었고, 말라 있기는 하지만 혈관 안에서 A형 혈액도 발견되었다고 한다.

무덤에는 과일이 든 대나무 상자 30개, 콩, 백조, 꿩, 돼지 등 그녀가 좋아했던 음식 재료부터 아름다운 칠기 그릇 세트까지 부인의 욕심을 채울 온갖 것들이 함께 묻혀 있었다.[19] 사후 세계에서 먹고살기에도 부족함이 없을 정도로 많은 양이었다.

불멸과 의미에 대한 욕구

권력을 가진 고대 세계의 사람들은 다이 부인처럼 풍요로운 사후의 삶을 모색했다. 이는 위치나 문화와 상관없이 전 세계 어디에나 나타나는 현상이다. 고대 이집트에서는 파라오는 물론 귀족들도 자신의 무덤을 화려하게 장식했으며 옷, 가구, 화장품류, 음식, 음료수 등 사후에 쓸 온갖 물건들을 함께 묻었다. 그렇다면 현대의 우리는 어떤가? 지금은 산 사람을 함께 묻던 순장 풍습을 그대로 재현하고 있지는 않다(내가 알기론). 하지만 죽음 저 너머로 현생의 무언가를 가져가려는 마음이 아직 완전히 종식되지는 않은 것 같다.

1899년 루벤 존 스미스라는 사람은 자신을 가죽 의자에 앉히고 무릎에는 체스판을 펼친 상태로 묻어달라고 요청했다(무덤으로 들어가는 열쇠는 자기 호주머니에 넣어둔 채). 2005년, 맨해튼의 변호사 존 제이콥스는 혹시 필요할 때 아내가 자신에게 전화를 걸 수 있도록 통신서비스가 되는 핸드폰을 함께 묻어달라고 했다.[20] 캘리포니아 사교계의 명사 샌드라 웨스트는 1977년 사망 후 자신의 페라리에 탄 채 땅에 묻혔다. 좋아하던 레이스 가운을 입은 채였다.[21]

여기서 궁금해진다. 도대체 사람들은 왜 이 난리인 걸까? 살아있을 때 근사한 차, 값비싼 화장품, 사치스러운 음식과 와인에 돈을 쓰는 것은 낭비라고 할지언정 최소한 무엇 때문에 그러는지 이해할 순 있다. 그러나 생이 다한 후에 페라리에 탄 채로, 핸드폰과 함께 묻히는 게 무슨 소용이 있을까? 죽은 뒤에 이런 물건들이 어떤 이득을 가져온다고?

나와 같이 묻힌 물건이 내세에서도 완벽한 사용 가치를 유지할 거라 믿는다면 이런 종류의 투자를 할 수 있다. 그러나 내세를 믿지 않는 사람들도 자신의 사후에 무언가 계속되리라는 희망을 품고 산다. 그래서 자녀라는 형태로 자신의 DNA를 남기고 업적도 남기고자 한다. 사전적 의미의 불멸을 믿든 믿지 않든, 사람들에게는 존재감에 대한 갈망이 있는 것 같다. 그들이 더는 존재하지 않을 때도 말이다. 비록 외롭고 상징적인 묘비만 남을 뿐이라도, 우리는 우리가 한때 사랑받고, 살아 숨 쉬었던 존재로 기억되기를 바란다.

불멸에 대한 당신의 욕구는 얼마나 강할까? 이를 알기 위해서는 먼저 다음 질문을 곱씹어보아야 한다. 당신이 평생 했던 일과 당신이라는 존재에 대한 기억이 지구상에서 완전히 지워진다면 어떤 기분이 들까? 당신이 쓴 모든 글, 만든 모든 창작물, 다른 사람들이 당신에 대해 가졌던 기억들이 결국은 물거품처럼 사라질 거라는 걸 알게 된다면? 죽음의 결과를 인식하는 건 우리의 일상에 어떤 영향을 미칠까? 매일 아침 눈을 떠 직장에 가고, 무언갈 만들고, 가족을 돌보고 싶은 의욕이 샘솟을까?

나는 이런 질문들에 관한 연구를 막 시작했다. 아직 파고들어야 할 부분이 많지만, 지금 분명히 말할 수 있는 건 사람의 많은 동기 유발 요인이 현생보다 긴 무언가에 기초하고 있다는 것이다. 만약 그런 것이 부재한다면, 동기의 많은 부분을 설명할 수 없을 것이다.

나오미의 유언장

우리가 필멸의 존재임을 생각하면 의미를 향한 강렬한 욕구는 일견 합리적이지 못한 충동이나 동기로 보일 수 있다. 도대체 당신이 죽고 난 후에 다른 사람들이 뭐라 하든 무슨 상관인가?

유언장을 예로 들어 생각해보자. 한때 알고 지내던 부유한 미망인이 있었다. 그녀를 나오미라고 부르자. 나오미는 심장병에 걸렸고, 아들이 둘 있었다. 50대인 큰아들 '벤'은 키가 크고 건장하며 전직 세미프로 테니스 선수였다. 대학을 수석 졸업한 그는 법조계에서 인정받는 전문가로, 단란한 가정을 꾸리고 모범 시민으로 살고 있다. 40대의 작은아들 '제이크'는 언제 철이 들지 모르는 캐릭터다. 재즈 뮤지션인 그는 겨우 입에 풀칠이나 하고 다니고, 살면서 정착이란 것을 해본 적이 없다.

나오미는 작은아들에게 "형 좀 본받아라"라는 말을 자주 했다. 형과 비교하며 질책하고 충고할수록 제이크는 더 화를 냈고 주눅이 들었다. 결국, 그는 어머니와 연락을 끊다시피 했다.

나오미가 유언장을 작성하면서 유산 배분에 대해 고민한다고 생각해보자. 그녀는 유산 대부분을 잘난 큰아들 벤에게 남기고 싶을까? 아니면 두 아들에게 똑같이 나눌까? 유산을 받고 정신 차리기를 바라는 마음에 아픈 손가락인 작은아들에게 더 많이 주고 싶을까? 아니면 통째로 자선 재단에 기부할까? 당신이 나오미라면 어떻게 할 것인가?

마음이 움직이는 순간들

편히 잠드소서
엄청나게 의미 있는 삶이었음

이번에도 답하기 전에 먼저 한 발짝 뒤로 물러나 '유언장'이라는 것을 생각해보자. 자식들에게 재산을 물려줌으로써 실질적인 혜택을 주고 싶다면 살아있는 상태에서 물려주고 그 효과를 직접 확인하는 게 낫지 않을까? 소원해진 아들과 가까워질 계기가 될 수도 있고, 두 아들이 더 효도하게 만들 수도 있을 텐데. 자선 재단에 기부한다고 해도 살아있을 때 기부해야 직접 그 뿌듯함을 느낄 수 있지 않은가? 죽고 나면 선행의 결과를 어떻게 즐긴단 말인가. 이런 관점에서 생각해보면, 그 효과를 누릴 수 없게 될 때까지 기다렸다가 유산을 나눠주는 것은 본질적으로 비합리적인 행동이다.

나오미가 심장마비로 사망한 후, 큰아들 벤은 성대한 장례식을 열었으나 동생 제이크는 기어이 나타나지 않았다. 자, 나오미는 어떤 선택을 했을까?

그녀는 유언장에 2만 5천 달러의 현금과 몇 가지 자신의 물품을 벤에게 남긴다고 썼다. 자선 재단에도 2만 5천 달러를 남겼다. 그리고 나머지 유산은 살아생전 인정해주지 못한 것을 후회하며 둘째 아들에게 모두 물려주었다. 그녀는 소원해진 둘째에게 보상을 해주고 싶었고, 아들을 사랑하고 소중히 여긴다는 것을 알리고 싶었다. 하지만 어머니가 바랐던 관계 회복은 본인 사후에야 가능한 것이었다.

사후 세계에 대한 우리의 이상한 집착

아들과의 사후 화해에 대한 나오미의 실현 불가능한 욕구가 이해하기 어려울 수도 있다. 그러나 나오미의 이야기는 사후에도 관계를 통제하려 했던 다음 시도들과 비교하면 아무것도 아니다.

솔로몬 샌드본이라는 남자는 사후에 자기 피부 가죽을 벗겨내 두 개의 드럼을 만들고 친구인 워런 심프슨이 매년 6월 17일 미국 독립 전쟁을 기념하여 격전지였던 벙커힐에서 '양키 두들'을 치게 하라는 유언을 남겼다.

새뮤얼 브래트라는 가학적인 남자는 살아생전 아내에게 맺힌 게 많았는지, 그녀에게 33만 3천 파운드(약 5억)에 달하는 유산을 남기면서 매일 다섯 대의 시가를 피워야만 유산을 받을 수 있다고 명시했다. 독일의 시인 하인리히 하이네도 아내에게 비슷한 감정을 가졌던 것 같다. 그는 아내에게 재산을 남기면서 '내 죽음에 슬퍼하는 사람이 세상에 한 명이라도 있도록' 반드시 재혼하라는 조건을 달았다.[22] 동물에게 유산을 남기는 사람들도 있다. 갑부였던 레오나 헬름슬리는 슬하에 남은 두 손주에게 한 푼도 남기지 않고 전 재산 1천 2백만 달러(약 149억)를 강아지 말티즈에게 상속했다(아마도 돌보는 사람이 개를 데리고 근사한 레스토랑에 가긴 하겠지만).

앞서 이야기한 사람들을 비롯하여 유언장을 통해 '남은 사람들'을 통제하려 했던 많은 이들이 정말로 실질적인 사후 보상을 믿었는지 알 수 없다. 다만 우리는 그들의 선택을 보며 죽음의 전망이 사람들을 어떻게 행동하게 만드는지, 얼마나 이상한 동기를 갖게 하는지 이해할 수 있다.

장례식장은 삶 이후에 대한 사람들의 동기를 연구하기 좋은 장소다. 삶과 죽음의 전환을 상징하는 장례식장은 사람들이 내세를 어떻게 생각하는지, 그리고 그에 관한 어떤 결정을 내리는지 살펴볼 수 있는 확대경과 같다.

소웨토를 비롯한 아프리카의 가난한 지역에서는 장례식에 가족의 1년 생계비와 맞먹는 비용이 들어간다. 망자를 기리느라 산 자의 생계가 파괴되는 것이다. 미국에서도 장례식 비용 때문에 파산하는 경우가 흔하다. 최근에는 중병을 앓고 있는 가난한 부부의 슬픈 소식을 들었다. 아내를 잃고 시름에 빠진 남편이 빚을 내어 좋은 관을 사 아내를 위한 아름다운 장례식을 치러 주었다. 그러나 빚을 떠안은 남편은 몇 달 후 파산했다.

장례식에 관한 연구에서 우리는 사랑하는 이를 잃고 슬픔에 빠진 유족들이 장례 비용을 제대로 계산하지 못한다는 것을 발견했다. 유족은 관, 꽃, 서비스 등 사랑하는 사람의 장례 물품에 기꺼이 돈을 쓰는 경향이 있었다. 사랑하는 사람이 살아서 그 모습을 본다면 '헛돈 쓰지 마!'라고 할거라는 걸 알면서도 말이다. 망자에 대한 과소비는 부자들에게만 국한되는 것이 아니다. 우리는 죽은 사람에 대해 우리가 믿고 싶은 것, 우리의 삶에서 그가 했던 역할, 그의 삶에서 우리의 역할, 그리고 삶의 유한함에 관한 생각 등 다양한 요인에 의해 동기를 갖게 된다.

이런 관점에서 장례식을 자세히 관찰하면 사람들의 불멸 추구는 물론, 타인을 돕거나 보상을 하거나 의미를 찾는 일처럼 평범한 사람들의 동기에 관한 흥미로운 통찰이 가능하다.

장례식이나 죽음과 관련된 의식을 관찰하면 상징적 불멸에 대한 우리의 깊은 욕구를 알 수 있다. 의식하든 하지 못하든, 우리는 유한한 육체의 삶을 넘어 나의 자녀나 업적을 통해 죽음 이후에도 기억되기를 원한다. 부자들이 자선 재단을 설립하거나 건물에 자기 이름을 붙이는 것도 이 때문이다. 작가들이 그림을 그리고 글을 쓰는 것도, 그라피티 예술가들이 지하철 벽에 그림을 그리는 것도, 아이들이 바위나 나무에 이름을 새기고, 미켈란젤로가 성당 천장에 그림을 그리고, 운동선수들이 기록을 깨기 위해 그토록 열심히 노력하고, 단지 기네스 세계기록에 자기 이름을 올리려고 한자리에서 핫도그를 수백 개씩 먹어 치우는 이유도 이것이다.

유산을 남기고자 하는 우리의 강력한 동기는 그 자체로 흥미롭다. 무엇보다 이것은 그 어떤 동기보다도 인간의 복합적이고 다양한 특성을 반영하는 렌즈로써, 우리가 막 발견하고 진가를 이해하게 된 동기 방정식을 살펴보는 데 유용하게 쓰일 것이다.

거의 모든 것에 대한 대답

《은하수를 여행하는 히치하이커를 위한 안내서》라는 책을 아시나요. 영국 소설가 더글러스 애덤스가 쓴 이 근사하고 유머러스한 책에는 은하계의 초월적 지성을 가진 (그러나 귀여운) 존재들이 등장합니다. 이들은 삶의 의미를 두고 논쟁하는 데 넌더리가 난 나머지, 슈퍼컴퓨터인 '깊은 생각deep thoought'을 설계합니다. 그들은 깊은 생각에게 삶과 우주, 그리고 모든 것에 관한 궁극의 답을 요구합니다. 이에 깊은 생각은 750만 년 동안 답을 계산한 뒤 드디어 입을 엽니다. 소설 속 그 장면을 같이 읽어봅시다.

"좋은 아침입니다." 깊은 생각이 마침내 말했다.

"그래, 깊은 생각아." 룬퀼이 안절부절못하며 말했다. "호… 혹시…"

"답을 찾았냐고요?" 깊은 생각이 도도하게 말을 잘랐다. "찾았습니다."

두 사람은 기대감에 몸을 떨었다. 기다림이 헛되지 않은 것이다.

"정말 답이 나왔어?" 푸후그가 숨을 들이마셨다.

"네, 나왔습니다." 깊은 생각이 다시 확인해 주었다.

"모든 것에 대한? 삶과 우주, 모든 것에 대한 궁극적 해답 말이야."

"그래요."

두 사람은 이 순간을 위해 훈련받았고, 그들의 인생은 이를 위한 준비에 불과했으며, 태어날 때부터 이 대답을 듣기 위해 선택된 사람들이었지만, 그럼에도 불구하고 기대에 찬 아이들처럼 숨이 가쁘고 몸이 뒤틀렸다.

"그럼 답을 알려줄래?" 룬퀼이 재촉했다.

"알겠습니다."

"지금?"

"지금." 깊은 생각이 말했다.

둘은 긴장으로 타들어 가는 입술을 핥았다.

"뭐, 여러분이 별로…." 깊은 생각은 덧붙였다. "좋아할 것 같진 않지만."

"상관없어!" 푸후그가 외쳤다. "우린 알아야 해, 지금 당장!"

"지금 당장이요?" 깊은 생각이 물었다.

"그래! 지금."

"좋아요."라고 말한 뒤 컴퓨터는 침묵을 지켰다.

두 사람은 몸이 배배 꼬였다. 긴장으로 폭발 직전이었다.

"결론이 마음에 들지 않을 겁니다." 깊은 생각이 말했다.

"그래도 말해 줘!"

"좋아요. 위대한 질문에 대한 답은…." 깊은 생각이 말을 이었다.

"그래, 뭐야?"

"삶과 우주와 모든 것에 대한 답은…." 깊은 생각이 뜸을 들였다.

"뭐냐고!"

"뭐냐면…."

"어서……!?"

"42입니다." 차갑고 엄숙한 어조로 깊은 생각이 말했다. [23]

삶과 우주, 모든 것에 대한 궁극적 질문에 깊은 생각이
제시한 답은 42였습니다. 이 슈퍼컴퓨터는 질문을 제대로
이해해야 대답도 이해할 수 있다고 설명합니다. 아무도 질
문을 이해하지 못했기 때문에 대답도 아무런 의미가 없다고
요. 깊은 생각은 현명했습니다. 깊은 생각은 하나의 답을 찾
는 것은 불가능하지만, 대답을 찾게 해줄 더 강력한 컴퓨터
를 설계해주겠다고 제안합니다. 그 강력한 컴퓨터는 바로
지구입니다.

인간 동기에 관한 질문에도 똑같은 논리가 적용됩니다.
인간의 거의 모든 행동과 그 원동력을 포괄하는 동기는 너
무나 거대한 질문입니다. 동기라는 질문 자체가 너무 복잡
하므로, 그 답을 찾아가는 과정 또한 지도 없이 아마존 밀림
을 헤매는 것과 같을 것입니다. 인간 동기에 대한 하나의 대

답이나 관점을 제시하기란 불가능하며, 설사 할 수 있다 해
도 무한히 긴 시간이 걸릴 것입니다. 철학자, 심리학자, 추리
소설가를 비롯한 많은 사람이 동기라는 질문과 씨름했지만,
현재까지 우리가 더듬거리며 찾은 답은 '42' 정도입니다. 인
간 동기라는 엉킨 실타래는 복잡하며 아이러니합니다.

인간의 동기가 단순하지 않다는 일반적 이해 외에 이 책
에서 어떤 구체적인 이해를 얻었나요. 세상의 모든 동기 유
발 요소 중 가장 흔히 사용되는 돈은 통설과는 달리 효과적
이지 않았습니다. 오히려 돈은 종종 동기를 저해합니다. 사
람의 동기를 끌어올리는 방법은 다양하고 복잡하겠지만, 동
기를 저해하거나 파괴하는 방법은 간단하고 명확합니다. 그
의 일을 무시하거나 묵살하면 됩니다.

사람에게는 누구나 인정, 주인의식, 성취감에 대한 욕구
가 있습니다. 장기적 헌신을 통해 안정감을 얻고 같은 목적
의식을 타인과 공유하고 싶은 욕구도 있지요. 그리고 우리
는 무엇보다 '의미' 같은 무형의 힘에 영향받고 동기를 부여
받습니다.

우리는 사후에도 우리의 노력과 삶이 기억되길 원합니

다. 왜일까요? 불멸에 대한 욕망은 일견 비합리적으로 보이지만, 이는 분명 사람들의 삶을 이끄는 거대한 동기입니다.

자신과 타인의 동기를 유발하고자 한다면 연대감과 의미는 필수 조건입니다. 여기서 의미는 반드시 개인의 행복과 일치하지는 않습니다. 세상에서 가장 강력한 동기 유발 요인은 연대감입니다. 한때 내가 치료를 받았던 화상 병동에 '사라'라는 십 대 소녀가 잠시 입원한 적이 있었습니다. 사라는 남자친구와 헤어진 후 손목을 긋고 독성 세제인 에이잭스를 상처에 부어 자살을 시도했습니다. 다시 걸을 수 있게 되자 사라는 자신보다 더 상처가 심한 병동 내 다른 환자들을 만나러 돌아다니기 시작했습니다. 병실을 돌아다니며 물을 떠다 주고 이야기를 나누면서 침울한 병원 분위기를 밝게 했습니다. 자신보다 더 힘든 불행을 겪는 사람들도 있다는 것, 또 그녀의 방문을 기뻐하는 사람들이 있다는 사실을 확인하면서 사라는 자신의 아픔을 빠르게 회복할 수 있었습니다.

위대한 도덕 철학자인 빅터 프랭클은 2차 대전 당시 자신이 나치 수용소에서 살아남을 수 있었던 것은 사랑하는 사람과의 연대감 덕분이라고 썼습니다. 수용소의 어느 날 밤, 옆에 있던 동료가 프랭클에게 이렇게 속삭였습니다. "우리 모습을 아내들이 본다면 어떨까?" 프랭클은 눈을 들어 밤하늘의 별을 보면서 사랑하는 아내의 얼굴을 떠올렸습니다. 아내의 목소리가 들리고 존재가 느껴졌습니다. 사방에서 사람들이 죽어가는 구렁텅이 속에서, 사는 게 죽는 것보다 못하다고 느낄 때마다 그는 아내를 생각하며 살아야 한다는 의지를 놓지 않을 수 있었습니다. 그 후 그는 《죽음의 수용소에서Man's Search for Meaning》를 비롯한 위대한 유산을 세상에 남겼습니다. 책에서 그는 이렇게 썼습니다.

그토록 많은 시인이 노래했던 것, 그토록 많은 사상가가 외쳤던 하나의 진리. 나는 생애 처음으로 그 진리를 깨닫게 되었다. 그것은 인간이 열망할 수 있는 궁극의 목적이 사랑과 의미와 연대감이라는 사실이었다. 나는 인간이 만들어낸 모든 시와 사상과 믿음이 설파하는 가장 큰 비밀의 의미를 간파했다. 인간을 구원하는 것은 사랑이며, 사랑 속에 구원이 있다.[24]

당신이 경영진이든, 부모든, 영업사원이든, 교사든, 공무원이든 상관없이 자신이나 타인의 동기 유발을 만들고자 하는 사람이라면 이 책을 통해 자신의 접근 방법을 깊고 넓게 반추해보길 바랍니다. 나는 독자들이 생각과 행동을 만드는 숨은 논리를 이해하고 긍정적인 영향을 주는 동기 유발 요인을 발견하기를 바랍니다. 칭찬은 사람을 놀라울 정도로 변화시키는 힘입니다. 우리에게 열정, 헌신처럼 소중한 가치를 가져다줄 또 다른 힘에는 무엇이 있을지 이 책을 보며 찾아보길 바랍니다.

물질의 세계에 사는 우리는 무에서 유를 창조하는 가능성을 꿈꿔왔습니다. 한 마디로 '영구 기계perpetual motion machine'(한 번 외부에서 동력을 전달받으면 더 이상의 에너지 공급 없이 스스로 영원히 운동하고 작동하는 가상의 기계)를 만들고자 했지요. 하지만 열역학법칙이 존재하는 이 세계에서 이것은 불가능한 꿈입니다. 그러나 사람의 동기에 관해서는 우리가 바라마지않던 영구적인 에너지를 가질 수 있습니다. 연대와 의미, 주인의식, 장기적 관계에 투자하고 그 힘을 제대로 쓰기만 한다면, 사람의 동기는 화수분처럼 멈추지 않고 작동

할 겁니다.

동기에 관해 모든 것을 이해하기란 불가능하지만, 수천 가지의 미묘하고 놀라운 동기의 '뉘앙스'를 이해하는 것만으로도 당신의 삶은 충분히 더 흥미로워질 겁니다. 무엇보다 유용할 것이고요.

그리고 제대로만 이해한다면, 그 여정에서 더 많은 생산성과 사랑과 의미의 비밀을 알게 될 겁니다. 벌써 책을 읽고 나누고 싶은 동기가 샘솟지 않나요?

주

프롤로그

1 Roy Baumeister, Kathleen Vohns, Jennifer Aaker, Emily Garbinsky, "Some Key Differences Between a Happy Life and a Meaningful Life," 〈Journal of Positive Psychology〉 (2013).

1장

2 Dan Ariely, Emir Kamenica, and Drazen Prelec, "Man's Search for Meaning: The Case of Legos," 〈Journal of Economic Behavior & Organization〉 (2008).

3 Amy Adkins, "Majority of U.S. Employees Not Engaged Despite Gains in 2014,"〈Gallup〉, January 28, 2015, http://www.gallup.com/poll/181289/majority-employees-not-engaged-despite-gains-2014.aspx.

4 Adam Smith, 《An Inquiry into the Nature and Causes of the Wealth of Nations》,"http://geolib.com/smith.adam/won1-01.html.

5 John Maynard Keynes, 《The General Theory of Employment, Interest and Money》(1936).

2장

6 Michelle Park, 〈A History of the Cake Mix, the Invention That Redefined 'Baking〉, http://www.bonappetit.com/entertaining-style/pop-culture article/cake-mix-history.

7 Mike Norton, Daniel Mochon, and Dan Ariely "The IKEA Effect: When Labor Leads to Love," 〈Journal of Consumer Psychology〉 (2012). Daniel Mochon, Mike Norton, and Dan Ariely, "Bolstering and Restoring Feelings of Competence via the IKEA Effect," 〈International Journal of Research in Marketing〉(2012).

8 《Irrationally Yours》(New York: HarperCollins, 2015)에 이에 대해 기고한 바 있다.

8 Alex Shaw, Vivian Li, and Kristina Olson, "Children Apply Principles of Physical Ownership to Ownership of Ideas," 〈Cognitive Science〉 (2012).

10 Ibid.

3장

11 Dan Ariely, Uri Gneezy, George Loewenstein, and Nina Mazar, "Large Stakes and Big Mistakes," 〈Review of Economic Studies〉 (2009).

12 Kaitlin Woolley and Ayelet Fishbach, "The Experience Matters More Than You Think: People Value Intrinsic Incentives More Inside Than Outside an Activity,"〈Journal of Personality and Social Psychology〉 (2015).

13 Dan Ariely, 《Predictably Irrational》 (New York: HarperCollins, 2008).

14 Sigal Bardas, "The Ripple Effect: Emotional Contagion and Its Effect on Group Behavior,"〈Administrative Science Quarterly》 (2002).

15 William Shakespeare, Henry VI, part 2, act 4, scene 2, line 73.

16 Douglas R. Conant, "Secrets of Positive Feedback," 〈Harvard Business Review〉, February 16, 2011, https://hbr.org/2011/02/secrets-of-positive-feedback/.

4장

17 Eti Bonn-Muller, "China's Sleeping Beauty," 〈Archaeology〉, April 10, 2009, http://www.archaeology.org/online/features/mawangdui/.

18 "Mawangdui," Wikipedia, last modified March 20, 2016, http://en.wikipedia.org/wiki/Mawangdui.

19 Sam Savage, "Meet the Lady Dai," 〈Red Orbit〉, November 4, 2004, http://www.redorbit.com/news/health/100340/meet_the_lady_dai_____of_145bc_/.

20 Liz Langley, "Toilets, Headless Bodies, and Other Weird Things People Get Buried With," 〈National Geographic〉, November 7, 2013, http://voices.nationalgeographic.com/2013/11/07/ toilets-headless-bodies-and-other-weird-things-people-get-buried-with/.

21 "5 People Buried with Strange Objects," 〈How Stuff Works: Entertainment〉, http://entertainment.howstuffworks.com/5-people-buried-with-strange-objects.htm#page=4.

22 Matt Branham, "The Oddest Things Bequeathed in Dead People's Wills," November 24, 2014, http://www.mandatory.com/2014/11/24/the-oddest-things-bequeathed-in-dead-peoples-wills/.Alex Mathews Blog, http://www.alexmathews.com/212/random/10-last-laughs-weird-wills-and-strange-legacies/.

에필로그

23 Douglas Adams, 《The Hitchhiker's Guide to the Galaxy》 (New York: Del Rey Books, 1995).

24 Viktor Frankl, 《Man's Search for Meaning》 (New York: Simon & Schuster, Touchstone edition, 1959).

옮긴이 **강수희**

부산대학교 영어영문학과를 졸업하고 한국외국어대학교 통역
번역대학원에서 석사 학위를 받았다. 옮긴 책으로 『철학자와 늑대』
『철학자가 달린다』 『인생은 불친절하지만 나는 행복하겠다』
『속도의 배신』 『지금 생각이 답이다』 『마음에 대해 달리기가 말해
주는 것들』 등이 있다.

마음이 움직이는 순간들

초판 1쇄 2020년 6월 22일
초판 2쇄 2020년 9월 25일

지은이 댄 애리얼리
펴낸이 서정희
펴낸곳 매경출판㈜
옮긴이 강수희
책임편집 홍은비
마케팅 강동균 신영병 이진희 김보은
디자인 김보현 이은설

매경출판㈜
등록 2003년 4월 24일(No. 2-3759)
주소 (04557) 서울시 중구 충무로 2(필동1가) 매일경제 별관 2층 매경출판㈜
홈페이지 www.mkbook.co.kr
전화 02)2000-2610(기획편집) 02)2000-2636(마케팅) 02)2000-2606(구입 문의)
팩스 02)2000-2609 **이메일** publish@mk.co.kr
인쇄·제본 ㈜M-print 031)8071-0961
ISBN 979-11-6484-140-0(04180)